MA
VIE
COMME
AU
CINÉMA

Stella Delmas

MA VIE COMME AU CINÉMA

l'art de réaliser la vie dont vous rêvez

SOLAR
EDITIONS

SOMMAIRE

INTRODUCTION

Décrocher la lune ? Trop populaire !
Décrochez votre étoile, elle est singulière !

FAITES VOTRE CINÉMA

On se dit acteurs de notre vie, nous n'en sommes souvent que les simples spectateurs. Sur l'écran de nos pensées défile un film dont nous n'avons pas écrit le scénario alors que nous rêvons d'un *happy end*. Le plus souvent, nous nous laissons diriger, porter, guider par cette grande scénariste qu'est la vie et endossons le rôle qu'elle nous attribue. Pourtant, nous pouvons aussi lui donner la réplique.

Et plus encore ! Nous avons le pouvoir de changer d'angle, d'état d'esprit – ou *mindset* –, de voir, d'entendre, d'agir... d'être autres ! Car si les diktats de la société nous somment d'être seulement acteurs de notre vie, nous pouvons *aussi* être des scénaristes, des réalisateurs, des producteurs... si nous nous autorisons à quitter notre zone de confort et à vivre l'expérience d'être ces autres qui vivent déjà en nous.

Nous ne sommes pas un seul à l'intérieur, mais multiple.

À vous de savoir si vous désirez participer « activement » à votre vie et prendre part au film, ou « passivement » et demeurer de simples spectateurs.

En tant que biographe, romancière et scénariste, je suis convaincue que la vie est un film. C'est ainsi qu'est née l'idée de *Ma vie comme au cinéma*, une libre interprétation du concept d'archétypes créé par le psychiatre suisse Carl Gustav Jung, appliqué au monde du septième art qui me passionne depuis toujours.

Avec *Ma vie comme au cinéma*, je vous donne les clefs pour vous attribuer le rôle principal d'un film dont vous aurez écrit le scénario, puis pour vous glisser dans la peau de chaque archétype. Comment ? Dans un premier temps en vous inspirant des talents et des compétences de chaque métier du cinéma pour, dans un second temps, agir dans la vie réelle avec l'énergie de ces archétypes.

Jouez à être pour devenir !

En endossant tour à tour le rôle de chaque intervenant de la chaîne cinématographique, vous découvrirez une part cachée de vous. Cachée, mais toujours singulière et complémentaire ! Chargé d'une énergie de transformation, chaque archétype vous amènera à vivre plus en conscience vos schémas comportementaux actuels et vous fera découvrir l'existence d'autres facettes de votre personnalité. C'est une invitation à vous reconnecter à votre nature authentique, à votre vérité personnelle, et même à vous rencontrer, peut-être pour la première fois.

Réécrivez votre scénario : d'une vie stéréotypée à une vie « archétypée »

Ma vie comme au cinéma : rêve ou réalité ? Rêve pour certains, réalité pour d'autres. Un rêve-réalité pour qui le désire « vraiment » ! Chacun se fait son cinéma, à vous de savoir si vous voulez le vivre sur petit ou GRAND écran.

Sommés de FAIRE toujours plus pour AVOIR plus, nous en avons oublié d'ÊTRE. La joie est le meilleur metteur en scène. Elle vous dirige pour ÊTRE dans « votre » voie, FAIRE ce que « vous » aimez pour AVOIR ce que vous désirez et ainsi vivre votre vie comme au cinéma.

Tout part du script. Si vous laissez les autres, « l'extérieur », l'écrire, vous rejouerez sans cesse des rôles secondaires dans les films qui sont les leurs. Si vous écrivez votre scénario à l'encre de « vos » désirs profonds, vous jouerez le rôle de votre vie.

Vivre une vie comme au cinéma passe par la « réalisation » de soi. La société d'aujourd'hui est une vaste comédie où chacun porte un masque et s'invente une vie. Il n'est pas rare alors de succomber aux stéréotypes par souci de reconnaissance et d'intégration au point de s'oublier et de s'identifier à cette personne créée de toutes pièces.

Stéréotype ou archétype ?

Vivre dans la peau de stéréotypes, c'est être condamné à ne jouer que des rôles de « conformité ». *Stéréotype* vient du grec ancien στερεός, *stereós* – « ferme, dur » – et *túpos* – « type » –, et signifie « type fixe ». Le stéréotype est un cliché, un modèle figé, immuable, réduit – à l'excès – à ses réactions standards, donc prévisibles, qui font de lui un être commun « interchangeable. »

Archétype vient du grec ancien ἀρχ – « commencement » – et *túpos* – « type » – et signifie littéralement « premier type ». L'archétype est un modèle général, une structure fondatrice de départ dont on s'inspire pour évoluer dans sa propre originalité.

En clair, les archétypes sont « les habitants de notre conscience » selon Jung. Souvent représentés par des héros – figures héroïques, mythes, légendes, contes... (au cinéma, dans les livres) –, les archétypes incarnent une valeur ou un concept (la loyauté, la bonté, la sagesse...) et sont érigés en modèles universels et intemporels, quels que soient le lieu et l'époque. Ils laissent l'empreinte d'un comportement considéré comme « exemplaire » dans notre inconscient.

Enfouies en nous, ces personnalités guident à notre insu notre manière d'être et de penser. Les connaître donne les clefs pour les reconnaître, les nommer et ainsi les amener à la conscience. De cette prise de conscience découle le changement.

Les archétypes renferment aussi tous les contraires et nous font réaliser que nous sommes ombre *et* lumière, ni tout blancs, ni tout noirs, mais tout en nuances.

Nous sommes aussi ce que nous n'aimons pas en nous.

Les acteurs majeurs de la psyché selon Carl Gustav Jung

Petit zoom sur les personnages qui jouent les scénarios à votre insu tant qu'ils sont méconnus... Les connaître vous permettra d'improviser et de changer de plan.

* L'Ombre

L'Ombre est cette part de nous, souvent empreinte de culpabilité, que nous refusons de regarder en face. Pourtant, « ombre » ne veut pas dire « sombre », mais « méconnue », « non consciente ».

L'Ombre renferme le passé que nous avons refoulé – nié –, nos peurs et nos pensées non exprimées.

L'Ombre est incarnée par ces aspects que le Soi refuse, nie, refoule et projette chez les autres, pensant ainsi s'en débarrasser. Sans elle, nous sommes incomplets. Il s'agit de réveiller « les forces dormant dans l'âme ».

Vous confronter à votre part d'Ombre est le seul scénario possible pour vivre votre vie épanoui comme au cinéma : en étant vous.

* L'*Anima* (le féminin) et l'*Animus* (le masculin)

Indépendamment du sexe, on parle d'énergie masculine et d'énergie féminine. Nous sommes la somme d'un masculin et d'un féminin. L'un domine parfois l'autre, mais comme nous évoluons sans cesse, nous nous rééquilibrons.

L'*Anima* symbolise le féminin. L'*Anima* se manifeste dans la réceptivité, l'intériorisation, la sensibilité, l'instinct maternel, l'empathie, dans un rapport plus assumé avec les émotions, l'intuition, l'amour maternel, mais surtout avec le charnel, le romantisme.

L'*Anima* est souvent personnifiée par les princesses dans les contes ou les films fantastiques.

L'*Animus* symbolise le masculin. L'*Animus* prend corps dans le courage, la force physique, l'intellect, le leadership.

C'est le héros qui vole au secours de la princesse et qui, en trouvant l'amour, se trouve lui-même.

*** Le Soi**

Ah... le Soi... notre quête... C'est l'archétype qui marie les contraires, l'*Anima* et l'*Animus*, et réunit tous les multiples qui forment notre personnalité.

Le Soi est l'archétype qui nous met en mouvement vers qui nous sommes vraiment. Il est à la fois le processus de transformation et la transformation réalisée.

Le Soi, c'est la chenille et le papillon.

C'est dans le prolongement des archétypes de Carl Gustav Jung – ces figures qui modifient notre vision du monde ainsi que notre manière d'être – que j'ai conçu ces archétypes « Cinéma ». Mon idée ?

- Refléter, à travers ces archétypes « Cinéma », dix manières d'être soi, d'être bien – ou mieux – avec vous-même et avec les autres, et d'être au monde.
- Incarner autant de nouveaux défis personnels à relever pour devenir la version la plus authentique de vous-même.
- Vous initier à voir, vivre, ressentir, écouter, agir, être autrement en vous inspirant des métiers du cinéma et, ainsi, révéler votre personnalité et votre individualité.

Passez-les au crible de votre caméra, ils feront la lumière
sur le scénario qui se joue en vous, malgré vous.
Écoutez la réplique de votre petite voix.
Elle vous dira beaucoup sur vous.

Le stéréotype masque votre personnalité,
l'archétype révèle votre singularité.

À trop paraître, nous en oublions d'être. Sortez des stéréotypes et avec les archétypes de *Ma vie comme au cinéma,* racontez-vous une autre histoire : une histoire à votre image. Silence ! Moteur... Ça tourne... Action !

MA VIE COMME AU CINÉMA : MODE D'EMPLOI ET FIL CONDUCTEUR

« L'art du cinéma consiste à s'approcher de la vérité des hommes, et non pas à raconter des histoires de plus en plus surprenantes. »
Jean Renoir

La vie est un film : tout commence par une histoire, celle qu'on se raconte. Au cinéma, c'est le scénariste qui se la raconte et écrit un scénario qui finit projeté sur les écrans grâce au diffuseur. Du scénario au film, du scénariste au diffuseur, il y a d'autres acteurs qui prennent part au film et sans qui le film n'existerait pas. Vous êtes une équipe de tournage à vous tout seul ! Vous êtes tour à tour : scénariste, producteur, story-boarder, directeur de casting, régisseur, virtuose de l'apparence (maquilleur, coiffeur…), acteur, réalisateur (et son équipe technique), monteur-mixeur, distributeur et exploitant. Oui !

Vous êtes une équipe entière à vous tout seul !

Chacun joue un rôle clef à une étape précise du film :

- **1re étape : avant le tournage**, vous serez scénariste, producteur, story-boarder et directeur de casting.
- **2e étape : dans les coulisses**, vous serez régisseur et virtuoses de l'apparence (coiffeurs, maquilleurs and Co).
- **3e étape : sur le plateau**, vous serez acteurs, réalisateur and Co.
- **4e étape : en postproduction**, vous serez monteur-mixeur, distributeur et exploitant.

Comme eux, vous allez suivre ces **quatre étapes** pour vous réaliser. Votre rôle ? Tous les endosser ! Et jouer chacun des rôles pour franchir toutes les étapes de réalisation du film de votre vie et déployer les talents et les atouts qui vous feront vivre pleinement votre vie d'après « votre » scénario.

Pour chaque archétype, **« L'art de... »** marque le point de rencontre entre le métier au cinéma et le rôle dans la vie.

Dans un premier temps, appelé **Inspiration... [métier] au cinéma**, vous vous inspirerez de chacun des acteurs de l'univers audiovisuel en vous imprégnant des « fiches métiers » (son rôle, son quotidien, sa compétence principale, sa qualité singulière, son verbe fétiche, son objectif).

Dans un second temps, titré **Action ! [archétype ou rôle] dans la vie**, ce sera à vous de jouer et de vous glisser tour à tour dans la peau de chacun.

Chaque rôle (archétype) s'articule autour de quatre moments clefs composés de séquences récurrentes, similaires par la forme mais différentes sur le fond car adaptées à l'archétype :

1. L'énergie et les attributs de l'archétype

Votre rôle si vous l'acceptez

Votre Talent

Votre accessoire

Le passage d'une étape à une autre se fera aussi par l'**accessoire attribué** à chaque archétype. Le choix de l'accessoire répond, en partie, au « Qui suis-je ? » de l'archétype. « Qui suis-je, en tant que scénariste, réalisateur de ma vie ? »

L'accessoire souligne un talent singulier de l'archétype parmi les multiples qu'il possède, la ressource qui le différencie des autres. À chaque rôle son accessoire matériel ou symbolique :

- Scénariste : **le stylo ou l'ordinateur**.
- Producteur : **la montre**, **symbole du temps dédié à soi**.
- Story-boarder : **le dessin et les images**.
- Directeur de casting : **la bande démo**.
- Régisseur : **l'agenda**.

- Virtuoses : **la panoplie des accessoires !**
- Acteurs : **le corps en action.**
- Réalisateur : **vos cinq ou six sens comme caméras.**
- Monteur : **une paire de *pink glasses***, des lunettes roses.
- Distributeurs : **un ticket, symbole de gratitude et de reconnaissance** pour ce que vous avez appris.

Vous partez de votre réalité, avec votre personnalité et vos projets, et vous vous emparez de l'accessoire qui vous glisse dans le rôle de l'archétype. Sa fonction ? Vous mener à l'être de l'archétype. Comment ? Par un rituel. Ainsi, à chaque étape, grâce à l'archétype, à son accessoire et à son rituel, vous concevez votre film, celui qui vous met en joie, vous assure du plaisir (vous êtes bien dans votre peau) et vous procure une confiance et une estime de vous plus grandes.

2. La préparation : zoom intérieur

Les quatre plans/exercices de cette séquence sont, eux aussi, raccord, récurrents et similaires par la forme et différents sur le fond, épousant les besoins de l'archétype :

- 1er plan, ***Silence*** : mini-méditation.
- 2e plan, ***Moteur*** : mini-point sur vos émotions.
- 3e plan, ***Ça tourne*** : mini-visualisation.
- 4e plan, ***Action !*** : À vous de jouer en réalisant les exercices proposés.

J'ai choisi de commencer chaque étape par ces quatre séquences pour vous amener à zoomer sur vous. Ainsi, vous ferez un gros plan sur ce qui se joue en vous et porterez une attention toute particulière à ce que vous **ressentez** et **désirez vraiment**, guidé par vos émotions, sentiments et ressentis physiques... Vous apprendrez à agir en pleine conscience en prêtant attention à votre intuition et serez moins dupe de votre mental. Mental qui est autant notre allié que notre ennemi : à vous d'en faire votre ami tout au long des séquences de votre vie !

3. Action ! : à vous de jouer

Inspiré, préparé, vous avez l'impulsion pour agir ! Dans cette séquence pratico-pratique, des outils, clefs de compréhension, exercices (training[1]), challenges, rituels vous guideront. Un réalisateur « dirige » ses acteurs pour faire évoluer leur jeu en cohérence avec l'histoire, le film, son personnage. Ici, tout concourt à la réalisation de votre film, de votre idéal et du changement désiré. En plus des différents exercices proposés et adaptés à chaque thème, vous retrouverez certaines rubriques récurrentes d'un archétype à l'autre :

- **Ombre ou lumière.** Chaque archétype est constitué d'ombre et de lumière. L'ombre ? C'est cette part de vous qui parfois vous « fait de l'ombre », en vous enlisant dans une situation, un état qui ne vous convient pas ou plus. La lumière ? La part solaire qui vous fait vivre le scénario de votre désir profond en accord avec votre vraie nature.
- ***Call to action* : votre challenge.** Toute réalisation commence par une action. Je vous mets au défi. Relevez ce premier challenge vous met instantanément en mouvement vers votre changement.
- **Rituel.** Véritable engagement envers soi-même, un rituel est un catalyseur de changement. À chaque archétype, son rituel. Inspirez-vous, créez les vôtres, ritualisez votre vie avec la joie comme moteur.

4. *The end* : le temps de s'inspirer

On se nourrit les uns des autres. S'inspirer rime avec s'élever. Je pousse les portes des salles de mon cinéma intérieur et vous propose un film (inspirant), une musique (bande originale), comme autant de voyages vers votre réalisation. La morale du scénar et le mantra surgissent naturellement avec le générique de fin sur l'écran, les derniers mots d'un livre ou les dernières notes d'une chanson… C'est l'empreinte qu'ils nous laissent et le goût de vivre – autrement – qu'ils nous insufflent. Alors, je vous les souffle.

- **Film inspirant :** Pour vous faire vivre de nouvelles aventures.
- **Bande originale :** Parce que la musique m'émeut, me transporte autant qu'elle me porte, cette BO, c'est ma manière de vous accompagner et d'être avec vous à chaque étape de votre réalisation. Lancez-la et je serai à vos côtés !

1. *Training* : « entraînement » pendant lequel l'acteur apprend, s'entraîne encore et encore jusqu'à devenir le personnage.

- **Morale de ce scénar :** Les films sont autant de leçons de vie que les expériences de la vie elle-même. Nous en ressortons grandis.
- **Mantra :** La répétition est la clef du changement, une discipline cachée dans des mots au pouvoir puissant ! À vos mots !

Et maintenant, à vous de jouer chaque rôle et de franchir les étapes de réalisation du film de votre vie pour déployer les talents et les atouts qui vous permettront de vivre pleinement votre vie d'après *votre* scénario.

Avant de vous lancer

« Le seul diplôme qu'exige le cinéma
est l'amour de la vie
et le courage de prendre des risques. »
Claude Lelouch

Parce que le film d'une vie s'écrit, se réécrit, s'adapte, offrez-vous un magnifique carnet, cahier ou créez votre *bullet journal*. Sur la couverture ou la première page, écrivez « Ma vie comme au Cinéma », et signez de votre prénom suivi de votre nom ou de vos initiales et de la date du jour. Ensuite, confiez-lui la réponse aux séquences qui sont autant d'exercices, de pratiques ou de réflexions auxquels je vous invite, comme si vous me donniez la réplique. Et plus encore : ajoutez vos pensées, vos envies et vos désirs du moment. Si je vous déroule un certain scénario ici, c'est pour vous donner l'élan : sentez-vous libre d'improviser aussi souvent que vous le souhaitez !

Les métiers du cinéma font rêver : suivez les indications scéniques pour expérimenter la vie de tous les jours à travers eux et à votre manière : singulière.

Bande originale

Gran Torino, Kyle Eastwood et Hugh Coltman.

Why ?

Les paroles font écho et donnent le *la*… ouvrant le champ des possibles. Comme celles-ci :

Realign all the stars

Your world is nothing more
Than all the tiny things you've left behind

So tenderly, the story is nothing more
than what you see or what you've done
Or will become
Standing strong

« Réaligne les étoiles

Ton monde n'est rien d'autre
que toutes ces petites choses que tu as laissées derrière

Alors, tendrement, l'histoire n'est rien d'autre
que ce que tu vois ou ce que tu as fait
ou ce que tu deviendras
Reste fort »

L'inspiration est un bon maître, elle élève toujours.

ÉTAPE 1

Avant le tournage

IMAGINEZ VOTRE HISTOIRE

Vous avez un rêve et y songez sans trêve ? Vous vous faites des films ? Ou peut-être n'avez-vous pas encore de projet précis, mais l'envie de grandir, d'avancer, de reprendre votre vie en main, d'amorcer un changement, de vous mettre en mouvement ?

Écrivez votre scénario !

- Découvrez votre désir profond et qui vous désirez réellement être.
- Définissez vos objectifs : quelle vie désirez-vous vivre ?
- Concevez-les pour les voir se réaliser.
- Suivez votre intuition plutôt que les injonctions des autres.

Le scénariste initie l'histoire, la pitche à un producteur, la met en images avec un story-boarder, puis le directeur de casting déniche les talents pour donner un visage aux personnages et vie à l'histoire. Glissez-vous dans la peau du scénariste, du producteur, du story-boarder et du directeur de casting et concevez le film de votre nouvelle vie : une fois le film imaginé, visualisé, et les têtes d'affiche trouvées, vous saurez comment passer à l'action !

1

SCÉNARISTE

ou l'art d'écrire sa propre histoire

Inspiration
SCÉNARISTE AU CINÉMA

« Le scénariste n'est
qu'un brodeur d'histoires. »
Michel Audiard

Cinéphiles ou amateurs de cinéma : des films qui défilent sur vos petits et grands écrans, que retenez-vous ? L'histoire ? Les acteurs ? Le réalisateur qui a parfois signé l'œuvre – ou le chef-d'œuvre – née d'un autre : le scénariste ?

Si aucun nom de grand scénariste ne vous vient à l'esprit, ne soyez pas surpris, il est rare de les connaître si l'on n'est pas un grand cinéphile. Pourtant, vous connaissez tout de lui ! Et pour cause...

Sans scénariste, le film n'existerait pas. Loin des caméras et des plateaux de tournage, dans l'ombre, c'est son génie qui allume les projecteurs. Méconnu du grand public, c'est pourtant pour ce dernier que ce créatif fabrique des histoires et travaille en duo avec le réalisateur. Le scénariste est « tout » à lui seul, avant de distribuer les rôles à l'équipe qui donnera vie à l'histoire qui existe déjà dans sa tête.

SON RÔLE ?

Le scénariste de cinéma écrit la trame d'une comédie, d'un drame, d'un thriller, d'un film, d'une saga... qui marque les esprits du sceau de son originalité.

À ses yeux, l'histoire est claire. Elle doit l'être pour les autres. Le scénariste explore les zones d'ombre, pense au moindre détail pour : planter le décor ; dépeindre les personnages et leurs attitudes ; écrire les dialogues ; peaufiner l'intrigue, afin que le même scénario se déroule dans

la tête du producteur, du réalisateur, de toute l'équipe de tournage, et dans celle du spectateur une fois sur grand écran.
Cette histoire au suspens haletant, aux personnages attachants, aux situations inspirantes ou horrifiantes est pensée pour toucher, émouvoir, remuer les spectateurs afin qu'ils s'identifient aux acteurs et vivent l'aventure comme si elle leur arrivait personnellement. Le temps d'un film, ils se vivent « autres » dans le fauteuil d'une salle obscure... comme dans leur tête. Et qui sait ce que la vie réelle réserve au spectateur après avoir réveillé cette autre part de lui qu'il ignorait peut-être ? Comme à vous...

SON QUOTIDIEN ?

Imaginer, penser, écrire, parfois coécrire, décrire dans un scénario l'histoire qui l'anime. Il le pitche au producteur, au réalisateur. Une fois qu'ils se sont accordés, le scénariste fait des repérages, s'immerge dans le monde qu'il va créer (lectures, archives, rencontres, interviews, voyages...). Il s'imprègne des ambiances de lieux, reflets de ceux qui campent le décor de son histoire, puis il écrit séquence après séquence le scénario. Pour que l'équipe donne vie à l'histoire qu'il déroule sur l'écran de ses pensées, il écrit alors :

- Une note d'intention : texte court qui explique la raison, le désir, l'envie de faire ce film et la manière dont le scénariste envisage de l'exprimer visuellement.
- Un pitch : une accroche, un argument, une phrase qui résume le film pour le vendre et donner envie de le voir.
- Un synopsis : un texte très court qui résume l'intrigue et les protagonistes.
- Un traitement : texte détaillé où le scénariste exprime la psychologie des personnages, les intrigues secondaires, l'ambiance, le style, l'univers et les décors...
- Un séquencier : document qui rassemble tous les plans (séquences) du film et leur résumé.
- Une bible des personnages : document qui décrit de manière détaillée le cadre dans lequel évolueront les personnages principaux (progression dramatique, lieux,

thèmes...) description des personnages principaux et leurs relations, et arches narratives dans le cas des séries.
- Une continuité dialoguée : mise en dialogues du scénario en précisant le nom de la scène, la description du lieu, des personnages et de l'action ainsi que les dialogues.

Parce que pour lui, l'histoire est déjà réelle... en lui.

SA COMPÉTENCE CLEF ?

Le scénariste écrit, ou « scénarise » pour être plus précis. Il imagine une histoire en langage visuel et sonore, en extrait un univers et des thématiques et écrit un scénario qui se démarque par son originalité et son pouvoir d'identification.

SA QUALITÉ SINGULIÈRE ?

Le scénariste possède une imagination débordante qui ouvre le champ de tous les possibles.

SON VERBE FÉTICHE ?

Se projeter dans ces histoires qu'il crée.

SON OBJECTIF ?

Écrire une histoire qui lui parle, qui fait sens et épouse ses aspirations les plus profondes.

Le scénariste écrit l'histoire
dans laquelle il joue le rôle de sa vie.

Action !
SCÉNARISTE DANS LA VIE

« Une utopie est une réalité
en puissance. »
Édouard Herriot

Dans la vie, vous… scénariste ?

Vous vous racontez des histoires. Happy end ou scénario du pire ? Une fois dans la salle obscure de vos pensées, est-ce pour le mélodrame que vous fondez ? En boucle ou en replay selon votre humeur du moment ? Si oui, c'est naturel : notre mental aime avoir le contrôle ! Comme il a mémorisé la manière de vous diriger dans les scénarios dramatiques, il a tendance à vous encourager à revivre les mêmes scènes, à repasser le plus souvent les séquences d'une situation passée. C'est réversible, vous allez voir !

Rares sont ceux qui se projettent dans la réalité qu'ils aimeraient vivre, pourtant, c'est bénéfique et nous en avons tous le pouvoir :

Réécrivez votre réalité en changeant vos pensées.
Tournez-les vers le futur.

Le rôle crucial de votre mental

Le film que vous vous repassez n'est que le fruit de votre interprétation, et n'est que « votre » réalité. Quel est votre genre de films ? Quand il s'agit de vous, est-ce le plus noir que vous lancez ? Le genre qui vire au cauchemar ? Si oui, ce n'est pas un drame : l'évoquer nous en fait prendre conscience. Rassurez-vous ! Votre mental écrit le scénario, et il n'aime pas qu'on lui vole la vedette ! Il aime tout maîtriser et, comme il ne contrôle que ce qu'il connaît, tout ce qui est nouveau l'insupporte. Il congédie alors votre intuition et c'est à ce moment précis que les émotions négatives peuvent vous traverser. Vous pouvez alors vous sentir « nié » à force de rejouer certaines scènes sombres de votre expérience, oubliant que vous, scénariste, avez le pouvoir de réécrire l'histoire. Pas le passé, non, la suite, oui : l'avenir. Comment ? En confiant l'écriture de votre vie à votre intuition. Le mental ne lui résiste pas. Jouez-vous de lui !

Le mental ne distingue pas le rêve,
l'imagination, de la réalité.

Vous êtes le créateur de votre vie : tout est possible si vous y croyez !

La vie vous offre ce que vous désirez, pas ce que vous voulez. Quelle différence ? **Vouloir**, c'est une lubie de votre mental... donc égotique. **Désirer**, c'est un cadeau de votre intuition qui émane de toutes les cellules de votre corps. Vous vibrez à « ce à quoi vous aspirez » et vous changez votre signature énergétique, comme l'explique Joe Dispenza[1], spécialiste en neurosciences, créant ainsi un autre paradigme, un autre possible, cette nouvelle vie en accord avec ce que vous êtes vraiment.

Votre corps sait. Observez-vous.
Écoutez-le pour mieux vous entendre.

Votre énergie se concentre là où vous portez votre attention. Tourné vers le passé, votre mental aura le rôle principal excellant dans l'art de répondre à une situation avec les habitudes qu'il a créées pour une préalable identique !

Imaginez votre vie telle que vous aimeriez la vivre et vibrez à cette fréquence pour attirer les circonstances qui créent votre nouvelle réalité.

VOTRE RÔLE SI VOUS L'ACCEPTEZ

Écrire ce que vous désirez VRAIMENT vivre. Si tout était possible : qui seriez-vous ?

Laissez les vieux classiques sur les étagères et projetez-vous dans le futur. Avec *Retour vers le futur,* Robert Zemeckis avait un temps d'avance, à cette différence

1. *Rompre avec soi-même,* Joe Dispenza, Ariane Publications, 2013.

près que vous n'allez pas changer votre futur, vous allez le « créer » en vous mettant dans la peau de ce vous dans la vie idéale imaginée par vous. Comment ? Scénarisez et écrivez !

VOTRE TALENT

Utilisez le pouvoir créateur de vos pensées pour écrire !

VOTRE ACCESSOIRE

À vos **plumes**... ou à vos **claviers.** Que vous soyez stylo ou ordinateur, peu importe, ce qui compte, c'est que vous laissiez libre cours à votre imagination, que vous mettiez des mots sur ce que vous imaginez !

« Il faut le croire pour le voir »
Grand Corps Malade

SILENCE

Installez-vous confortablement, au calme.

Fermez les yeux.

Inspirez sur quatre temps, retenez votre souffle sur autant puis expirez sur huit temps.

Visualisez-vous tel que vous vous rêvez, dans la vie à laquelle vous aspirez. Peut-être est-ce faire carrière dans ce poste créatif ? Marié et parent des enfants que vous portez déjà dans votre cœur ? Glotte-trotteur ? Tout est possible : rêvez-le et faites-le dès maintenant !

Projetez-vous et, une fois que vous vous trouvez dans cet endroit visualisé, regardez autour de vous pour vous imprégner des moindres détails.

MOTEUR

Où êtes-vous ? Que portez-vous ? Quel âge avez-vous ?

Ce lieu est-il réel ou imaginaire ? Décrivez-le.

Quelle est l'atmosphère ?

Qu'est-ce qui attire votre regard en premier ? Zoomez et décrivez.

ÇA TOURNE

Comment vous sentez-vous dans ce film que vous vous projetez ? À l'écran, avez-vous le sourire, rayonnez-vous ? Décrivez.

Scannez tout votre corps et notez s'il est tendu. Si oui, à quel endroit ? Portez votre attention sur la partie de votre corps qui réclame votre attention. Inspirez et expirez profondément. Inspirez à nouveau, en visualisant votre tension sous la forme d'une boule de lumière blanche et expirez en la faisant monter pour l'extérioriser par la bouche, la tête, le cœur… selon votre préférence. Inspirez et expirez autant de fois que nécessaire pour l'expulser entièrement. Sentez votre corps se détendre à mesure que vous inspirez et expirez profondément. Poursuivez le scan de votre corps et recommencez avec chaque partie où s'est logée une tension. Une fois la dernière dissipée, faites un nouveau scan de votre corps, de la tête aux pieds, et finissez par trois profondes inspirations et expirations.

Si votre corps tout entier est détendu, poursuivez votre film.

Que ressentez-vous émotionnellement ? Exprimez-vous.

Que ressentez-vous physiquement à la projection du film que vous imaginez ?

ACTION !

La séquence du scénariste vous plonge dans l'écriture. L'objectif ? Poser vos désirs sur le papier pour (vous) visualiser et vous projeter dans une nouvelle vie, une nouvelle réalité.

« Tu dois donner naissance à tes visions.
Elles sont faites du futur qui attend sa naissance. »
Rainer Maria Rilke

À vous de jouer : le scénariste a pensé son monde sous tous les plans et l'a posé sur le papier, vous aussi : à votre stylo, à votre clavier : écrivez ! Comme lui, vous serez amené à confronter l'histoire que vous vous racontez dans vos pensées à la réalité de... votre entourage. Les autres, proches ou relations, font partie du film, à leur insu et parfois au vôtre !

Comme le scénariste : préparez-vous mentalement.

Le pouvoir libérateur et créateur de l'écriture

Écrire, c'est vous écrire et prendre conscience de ce qui vous anime. Écrire, c'est donner corps à vos pensées dans votre réalité !

Nous allons utiliser et « revisiter » les documents produits par le scénariste et évoqués plus haut : synopsis, note d'intention, pitch, traitement, bible des personnages, séquencier et continuité dialoguée.

- Le synopsis : **la feel good story** que vous vous racontez en quelques lignes.
- Titre : **le titre** !
- La note d'intention est votre intention... **votre why**.
- Le pitch : **votre argument number 1**.
- Du traitement et de la bible, ici seule **la fiche de votre personnage** est utilisée.
- Le séquencier : **les étapes clefs de votre changement**.
- La continuité dialoguée : **votre nouveau mindset**.

❶ LA FEEL GOOD STORY QUE VOUS VOUS RACONTEZ... EN QUELQUES LIGNES

Tous, à quelques rares exceptions près, nous nous faisons des films[1] sur ce que nous aimerions être, ce que nous aimerions vivre de différent, pour des raisons qui nous appartiennent. Que ce soit d'agir, de se comporter ou de se réaliser autrement... Le scénariste sait qu'une histoire raconte la transformation d'un personnage et qu'elle est le récit initiatique qui l'amène à ce changement ou à cette métamorphose. L'histoire est le voyage du héros... et s'articule autour de moments clefs. J'ai retenu cinq étapes de ce voyage (sur les douze établies par Joseph Campbell[2]) dont vous pouvez vous inspirer pour écrire votre histoire et en faire le synopsis en quelques mots :

1. **Le héros est appelé à l'aventure** et doit quitter son « monde ordinaire » : vous êtes poussé à changer et à quitter la situation actuelle qui ne vous correspond plus. Déclic, prise de conscience ou fruit d'une mûre réflexion, peu importe, vous sentez l'appel du changement.
2. **Il traverse des épreuves** pour savoir ce qu'il est prêt à changer, à donner pour atteindre cette transformation, d'état ou de vie... s'il est prêt à en payer le prix au sens positif c'est-à-dire à « agir différemment ».
3. **Il surmonte ces épreuves, atteint ses objectifs** et en sort **« grandi ».**
4. **Il revient dans son monde ordinaire, changé, différent.**
5. **Grâce à ce qu'il a appris durant sa quête... ce voyage, il change son monde ordinaire.**

Chaque étape, événement – quête/voyage – a sa raison d'être : cela survient pour faire avancer le héros vers **un changement intérieur**.

Le monde extérieur
vous fait évoluer de l'intérieur.

Vous, quand vous pensez à la vie que vous aimeriez vivre, à qui vous voudriez être, vivez-vous déjà pleinement en accord avec vos désirs, vos envies, vos idéaux ? Ou aimeriez-vous changer quelque chose, en vous ? dans votre vie ?

1. Nous nous faisons des films est ici entendu dans le sens positif : nous nous imaginons le meilleur !
2. In *Le Héros aux mille et un visages*

Que raconte l'histoire dont vous êtes le héros ou l'héroïne ?

Pour vous aider à dérouler votre histoire, suivez le **fil conducteur** en répondant aux questions ci-dessous.

D'où partez-vous (situation initiale, votre monde ordinaire) ? et qu'aimeriez-vous y changer (en vous, autour... tout est possible) ?

Vous pouvez choisir trois à cinq séquences de votre vie et évaluer votre degré de satisfaction sur une échelle de 1 à 10.

- Carrière
- Vie amoureuse
- Loisirs
- Condition physique
- Santé...

10 ....

9 ....

8 ....

7 ....

6 ....

5 ....

4 ....

3 ....

2 ....

1 ....

Faites un arrêt sur image sur la séquence qui vous procure le plus de tristesse, de frustration à ce jour : c'est le déclencheur de votre changement, l'élément qui va vous permettre de dérouler le film d'une vie meilleure sur ce point précis.

Qu'êtes-vous prêt à faire pour atteindre cet objectif ?

....

....

Quels sont les obstacles et les freins virtuels ou réels identifiés actuellement ?

J'attire votre attention sur le fait que les obstacles, ces ennemis, sont souvent intérieurs. Le premier d'entre eux est inhérent à la nature humaine : c'est la résistance. Seule la *persistance* par l'action a raison d'elle.

....

....

Résumez en cinq lignes l'histoire du film que vous venez d'écrire dans votre cinéma intérieur et sur le papier.

....

....

....

....

Que ressentez-vous en comparant le synopsis du film de la vie que vous aimeriez vivre à celle que vous vivez actuellement ?

....

....

....

....

❷ DÉFINISSEZ VOTRE INTENTION, VOTRE « WHY ? »

Derrière chaque histoire qu'on se raconte se cache une raison, un pourquoi. Tout part de ce petit mot : « Why ? » qui suscite en vous ce désir de changer ou d'évoluer.

Pour que le changement opère,
il faut que la raison fasse sens pour vous.

Vous voulez changer, oui, mais pourquoi... et pour quoi ? En quoi votre vie serait plus en accord avec votre idéal après ? Ou avec vous-même ?

Savez-vous après quoi vous courez ? Le bonheur a de multiples visages. Il en a autant que d'êtres sur cette terre. Seul compte ce qui vous comble et vous fait vous sentir bien, vous.

Héros de votre propre film,
quel est l'objet votre quête ?

Qu'est-ce qui aujourd'hui suscite en vous le désir de changer quelque chose (ou tout) dans votre situation initiale ? Décrivez. Qu'êtes-vous prêt à entreprendre pour atteindre cet objectif ?

Qu'aimeriez-vous changer ? Votre vie ? Un élément précis de votre vie ? Vous-même ? Aimeriez-vous devenir quelqu'un d'autre ou juste évoluer sur un point précis ? Décrivez.

Libre de toute entrave, comment vous imaginez-vous agir pour vivre cette vie rêvée ?

Quelle serait la première séquence du film de cette nouvelle vie, c'est-à-dire votre première action pour vous mettre en mouvement vers elle ? Décrivez.

Quelles émotions aimeriez-vous ressentir ?

....

....

Quel état d'être aimeriez-vous atteindre ? (Une plus grande confiance en vous ou estime de vous, moins d'hésitations… ?)

....

....

Qu'est-ce qui vous empêche de passer à l'action MAINTENANT ? Une peur ? Quelqu'un ?

....

....

Le pourquoi vous insuffle le comment
et vous met en mouvement en vous indiquant la direction.

❸ LE TITRE DE VOTRE FILM

L'évoquer ouvre la porte de tous les possibles. Le titre actionne le projecteur de notre cinéma intérieur, de nos attentes, et à la lumière de nos désirs, de nos envies…

Lost in translation, chef-d'œuvre de la réalisatrice (actrice et scénariste) Sofia Coppola, n'évoquera pas la même chose pour vous que pour moi.

Lucy ou *Le Cinquième Élément* du grand Luc Besson réveillera ou révélera des pensées, des idées, des parts de vous uniques…

Écrire, c'est nommer, faire surgir. Donner un titre à votre histoire, c'est amener à votre conscience l'essence, le cœur de ce qui vous anime… Un titre peut dire beaucoup de votre histoire, de vous…

Vous est-il arrivé de regarder un film juste pour son titre ? Parce que les mots vous ont interpellé et ont suscité votre curiosité ?

Quels titres vous ont marqué ?

Quelques-uns des titres ancrés dans ma mémoire (les films sont aussi à voir !)

Volte-Face, réalisé par John Woo avec Nicolas Cage et John Travolta.

L'Effet papillon, écrit et dirigé par J. Mackye Gruber et Eric Bress, Ashton Kutcher, Melora Walters et Amy Smart.

Song to Song, de Terrence Malick avec Ryan Gosling, Rooney Mara, Michael Fassbender.

A Star is Born, de Bardley Cooper, avec lui… et Lady Gaga.

La la Land, de Damien Chazelle, avec Ryan Gosling, Emma Stone et John Legend.

La vie est belle, de Roberto Begnini, avec lui, Nicoletta Braschi et Giorgio Cantarini.

L'amour, c'est mieux que la vie, de Claude Lelouch avec Sandrine Bonnaire, Gérard Darmon, Ary Abittan, Elsa Zylberstein, Kev Adams, Philippe Lellouche…

… et tant d'autres ! Parfois pour la poésie, les jeux de mots, la morale/leçon…

Si vous deviez attribuer un titre au film que vous vous projetez et dont vous venez d'écrire le synopsis, quel serait-il ? Inspirez-vous des titres de vos films préférés.

Pour quelle raison l'avez-vous choisi ? En quoi reflète-t-il la vie, l'expérience ou la personne que vous désirez vivre ou être ?

❹ VOTRE ARGUMENT NUMBER ONE

Mû par votre film intérieur, vous aurez déjà changé et votre nouvel état d'être ne passera pas inaperçu : on va s'interroger sur ce qui vous anime. Soyez prêt à pitcher !

Écrivez une accroche, un argument irréfutable, une phrase ou une citation qui exprime qui vous aspirez à être et ce que vous désirez vivre.

Répétez votre phrase et exprimez-la aux moments opportuns, comme un mantra qui vous rappellera ce why, ce pour quoi vous vous êtes engagé.

L'argument ?
Un sésame qui vous ouvre les portes
jusqu'alors restées closes.

❺ LA FICHE DE VOTRE PERSONNAGE : « QUI SEREZ-VOUS » ?

Vous pouvez être qui vous voulez... Alors, qui rêvez-vous d'être en secret ? En scénariste, croquez votre personnage en complétant cette fiche.

Votre identité

Prénom : *aimez-vous le vôtre ou en changeriez-vous et si oui, pour quelle raison ?*..............................

Surnom :..............................

Origines :..............................

Blessures :..............................

Événement marquant de votre vie *qui influence encore vos décisions et comportements :*..............................

Grandes réussites :..............................

Votre personnalité

Valeurs : ...

Principes : ...

Croyances : ...

Qualités dont vous êtes le plus fier : ...

Pires défauts : ...

Quel est votre secret ? ...

Quelle est votre plus grande peur ? ...

Qu'est-ce qui vous rend heureux ? ...

Qu'est-ce qui vous fait souffrir ? ...

Votre vie, votre métier et votre passion

Que faites-vous dans la vie ? ...

Aimez-vous ce que vous faites ? ...

Qu'est-ce qui vous motive et vous fait vous lever le matin ? ...

Qu'est-ce qui vous insupporte ? ...

Avez-vous une/des passions ? ...

Qu'aimez-vous dans votre vie ? Qu'aimeriez-vous changer ? ...

Quel but avez-vous ? Que faites-vous pour l'atteindre ? ...

Votre futur look

Vos cheveux (couleur, coupe...) : ...

Silhouette : ...

Signe distinctif : ...

Allure générale : ...

Style de vêtements : ...

Accessoires : ...

Quelle célébrité représente votre idéal physiquement ? ...

Connaître les contours de votre nouvelle personnalité la dessine déjà.

❻ VOTRE PREMIÈRE ÉTAPE CLEF

On est riches les uns des autres, parce que les autres nous inspirent. Quel synopsis de film ou de livre vous encourage à passer à l'action dans votre quête actuelle ? (Re)lisez-en le résumé pour faire le plein d'inspiration avant de vous lancer dans l'écriture du vôtre.

Une fois que vous aurez en tête l'histoire de ce que vous désirez vivre, faites-vous votre film et appuyez sur pause.

Dans cet arrêt sur image : quelle première action réalisez-vous pour amorcer ce changement ?

Pour définir cette première action, ce premier pas dans votre quête, demandez-vous :

Qui ? Agissez-vous en seul acteur ou avec d'autres ?

....

Quand ? ....

Date de votre intention : ....

Date de votre action : ....

Où ? ....

....

Comment ? ....

....

Pourquoi ? ....

....

Que ressentez-vous ? ....

....

Vous donner rendez-vous,
c'est vous rencontrer chaque fois
dans une meilleure version de vous-même.

❼ VOTRE NOUVEAU « MINDSET »

Changer commence par adopter un nouvel état d'esprit, ou *mindset*.

On dialogue tous avec soi-même, dans sa tête, et avec d'autres !

Avant que vos vieux démons ne resurgissent et que le dialogue vire au monologue ou à l'injonction, choisissez les répliques et donnez le change à vos détracteurs intérieurs comme extérieurs.

Changer intrigue, révolte, décontenance et passionne, aussi. À vous d'anticiper les potentielles questions de vos interlocuteurs – réels ou imaginaires – et vos réponses, pour ne plus jamais être privé de votre liberté de penser...

Imaginez les dialogues et écrivez les répliques qui expriment votre détermination en mode assertion positive. Rien ne vous résiste parce que vous le décidez.

Pour chaque réponse négative :
réécrivez son pendant positif !

Si vous vous dites :	*Reformulez par :*
« Je n'y arriverai jamais »	« Je vais donner le meilleur de moi-même pour ne rien regretter ! »
« C'est trop tard, j'ai passé l'âge »	« Le talent existe à tout âge. »
« Je m'y mets demain... »	« Je m'y mets maintenant ! »

Avec le mental d'un vainqueur,
vous partez déjà champion.

OMBRE OU LUMIÈRE ?

Tout ne tient qu'à vous... vos pensées deviennent votre réalité.

Dans l'ombre...

Tourné vers le passé, vous rejouez le plus souvent les scènes tristes de votre existence, à l'étroit dans un rôle secondaire endossé pour ne pas déplaire. Vous scénarisez plus la vie des autres que la vôtre. Dans l'ombre, vous admirez la silhouette de modèles sous le feu des projecteurs. Vous les admirez, au lieu de vous regarder en face et de prendre votre place. À trop les regarder, et à ne pas être vous, vous devenez fou... Vous qui désirez plus que tout être en haut de l'affiche.

Dans la lumière...

Tourné vers l'avenir, vous visualisez votre vie rêvée et vous vibrez de joie en vous projetant mentalement ! Vous irradiez de tout votre être parce que vous avez scénarisé la vie et la personne que vous désirez être, et qu'en le faisant vous avez ressenti les émotions futures que cette vie et cette réalité à venir vous procureront.

À penser, écrire, décrire, vous avez pu ressentir les émotions du futur... oui, vous avez bien lu :

C'est en vous réjouissant dans le présent d'un futur
à venir que vous le créez et l'attirez.

Remerciez dès aujourd'hui l'univers pour ce que vous désirez vivre comme si vous le viviez déjà, et observez la vie agir.

CALL TO ACTION

Libérez-vous de votre ancien scénario !

Identifiez l'habitude ou l'attitude d'autosabotage qui vous sépare de votre vous idéal et de votre nouvelle vie... et dont vous aimeriez vous séparer. Nommez-la.

La nature humaine ayant horreur du vide... Notez pour ce schéma répétitif une nouvelle manière d'être ou d'agir qui vous rapprocherait de votre objectif d'être et de vie.

Action !

....

....

....

....

....

RITUEL

Chaque matin, en sirotant votre thé ou votre café, confiez à un journal intime ou à simple cahier :

- tout **ce qui vous passe par la tête** (émotions, désirs, doutes, craintes, préoccupations, attentes...),
- puis écrivez **votre top priorité du jour**. Vous la reconnaîtrez au bien-être et au sentiment de satisfaction que la simple idée de l'avoir accomplie vous procure. Et le soir, vous aurez la joie de venir apposer un astérisque (ou une croix, un cœur...) pour confirmer sa réalisation. Ainsi, vous habituez votre mental à réaliser ce qui compte le plus pour vous et ce rituel l'encourage à continuer.

Écrire et accomplir ce qu'on désire
sont les premiers pas vers la réalisation de soi.

FILM INSPIRANT

***Elle s'appelle Ruby*, réalisé par Jonathan Dayton et Valérie Faris, avec Paul Dano et Zoe Kazan.**

Synopsis : Un romancier à succès surmonte le syndrome de la page blanche en créant l'héroïne de son nouveau roman. Il se prend à son propre jeu et tombe amoureux de cette fille de papier, qui un jour apparaît dans sa vie, en personne. À partir de ce moment, il prend conscience que tout ce qu'il écrit prend corps dans la réalité.

Magnifique illustration du pouvoir de nos pensées ! Écrivez ce que vous désirez vivre et observez votre nouvelle réalité...

Écrire vous projette
et convoque vos émotions !

BANDE ORIGINALE

***Rough Diamond Falls*, Luke Sital-Singh.**

Why ? Le message sous-jacent : rêver d'un ailleurs nous y propulse une seconde, une minute ou une heure, faisant voler en éclat la frontière entre le rêve et la réalité.

SCÉNARISTE

MORALE DE CE SCÉNAR ?

Pensez, scénarisez vos rêves et écrivez-les. Osez tout imaginer ! Osez pousser les portes de vos désirs les plus fous. Surpassez-vous : écrire votre histoire, c'est déjà l'inscrire dans le présent et lui offrir un possible avenir… que vos actions concrétiseront.

Vous êtes ce que vous pensez.
Vos pensées créent votre réalité : pensez-vous autre.

J'écris ma nouvelle réalité.

2

PRODUCTEUR

ou l'art de trouver vos ressources intérieures

Inspiration

PRODUCTEUR AU CINÉMA

« Profession ?
– Producteur.
– Vous produisez quoi ?
– De la chair de poule ».
Alfred Hitchcock

Le producteur est celui par qui le rêve devient réalité. De la conception du scénario à la distribution du film, il a un droit de regard sur tout. Il tient les cordons de la bourse et démarche institutions, organismes et coproducteurs pour financer le film et déployer les moyens humains et techniques nécessaires pour le porter à l'écran à la vue et à la connaissance de tous.

SON RÔLE ?

Séduit par un scénario, le producteur donne le go ! Tout repose sur ses épaules. Il établit le budget prévisionnel, recherche les solutions de financement pour la réalisation du film... et parfois investit de sa poche.

SON QUOTIDIEN ?

Financier, personne de réseau à la fibre artistique, le producteur récolte les fonds nécessaires à la production d'un projet. Il étudie les scénarios qu'il reçoit (conçoit) et définit les besoins humains, techniques et financiers pour les réaliser. Il rencontre les distributeurs pour donner vie aux rêves. Il s'assure du bon déroulement du tournage dans le respect du budget et des attentes de chacun. Il assure la programmation de ses productions comme les campagnes promotionnelles dans l'Hexagone ou à l'international. Ses films et ses équipes sont ses bébés.

SA COMPÉTENCE CLEF ?

Sa philosophie de vie positive : à chaque problème sa solution – à court, moyen ou long terme.

SA QUALITÉ SINGULIÈRE ?

Audacieux, il ose prendre des risques parce que le pari vaut la chandelle.

SON VERBE FÉTICHE ?

Y croire, en toutes circonstances.

SON OBJECTIF ?

Le producteur pense solution : il remue ciel et terre pour trouver les ressources et les moyens de produire les histoires qui l'ont touché. Il parviendra toujours à ses fins pour porter à l'écran les messages qui peuvent parler aux spectateurs, les émerveiller (ou les effrayer si tel est leur désir... thriller quand tu nous tiens...) et les émouvoir.

Action !

PRODUCTEUR DANS LA VIE

« Là où vos talents
et les besoins du monde se rencontrent,
là se trouve votre vocation. »
Aristote

Vous, producteur de votre vie ?

Vous puisez dans vos ressources intérieures pour mener à bien vos projets. Vous investissez en vous et vous découvrez les solutions à ce qui jusqu'à aujourd'hui vous empêchait d'être cette version « authentique » de vous. Conscient d'être riche de vous-même, vous réalisez qu'être vous est le seul chemin vers le bonheur. Vous avez conscience de votre valeur et vous réaliser n'a pas de prix.

VOTRE RÔLE, SI VOUS L'ACCEPTEZ

Trouver en vous les ressources et, pour cela, renouer avec votre enfant intérieur qui, en s'émerveillant, vous révélera ce qui vous anime et fait que vous vous levez le matin.

VOS TALENTS

Vous émerveiller.

Regarder en vous, écouter enfin ce que votre enfant intérieur n'a pas encore osé vous dire.

Vous (re)découvrir autre.

Déployer vos talents.

Croire en vous.

VOTRE ACCESSOIRE

Vous troquez le stylo/ l'ordinateur pour… un timer, un minuteur ! Le producteur est dans un contre-la-montre permanent mais il sait ralentir pour prendre un moment pour lui. *So Slow down*[1]. Avec ce timer, il ne s'agit pas de speeder[2], mais de comptabiliser le temps que vous investissez en vous ! Vous allez vous dédier ce qui est le plus précieux : du temps… rien que pour vous, pour écouter et vous émerveiller.

1. So slow down : alors ralentissez
2. Speeder : accélérer

SILENCE

Fermez les yeux et remontez le temps jusqu'à un souvenir très heureux de votre enfance.

Où êtes-vous ?

Quel âge avez-vous ?

Que portez-vous ?

Que faites-vous, pour que vous ressentiez une telle joie, un tel bonheur ?

Êtes-vous seul ou avec un proche ?

Remémorez-vous cet état d'exaltation où tout vous semblait douceur, joie et légèreté. Faites un arrêt sur image pour retrouver ces sensations, comme si vous étiez retombé en enfance.

MOTEUR

Faites dérouler le film de votre vie jusqu'à un épisode noir où vous vous êtes senti nié parce que trahi, rejeté, abandonné, humilié ou victime d'une injustice. Un instant qui vous aurait intimé d'être autre, de faire semblant ou de porter un masque pour être respecté, accueilli, aimé, honoré.

Où êtes-vous ?

Quel âge avez-vous ?

Que portez-vous ?

Êtes-vous seul ou avec un proche ?

Que dites-vous et que faites-vous qui vous fait ressentir dévalorisation, négation de vous-même ?

Pour quelles raisons ?

Pour qui ?

ÇA TOURNE

Toujours en tête à tête avec vous en ce moment ou vous avez senti une fêlure en vous ?

Quelles émotions ressentez-vous ?

Que diriez-vous à cet enfant ou à cet adolescent ?

Comment agiriez-vous aujourd'hui dans cette même situation ?

Imaginez et décrivez.

Quelles émotions ressentez-vous après avoir rejoué la scène à la lumière de qui vous êtes aujourd'hui ?

ACTION !

L'étape de réflexion du producteur vous plonge en introspection pour retrouver votre âme d'enfant et votre raison d'être.

C'est en renouant avec votre enfant intérieur que vous allez retrouver le talent inné de vous émerveiller. Laissez-vous guider par la joie : elle est le moteur pour (re)tourner vers qui vous êtes vraiment, et redécouvrir la personne unique que vous êtes.

❶ ÉCOUTEZ ET DIALOGUEZ AVEC VOTRE ENFANT INTÉRIEUR

Seul l'enfant qui est en vous a les clefs pour libérer l'adulte que vous êtes de la peur d'être vraiment vous-même.

Écoutez-le et vous vous entendrez.

L'enfant intérieur ? C'est cette partie de vous qui a gardé son âme d'enfant et ses rêves d'antan. C'est aussi l'enfant en vous à qui vous avez peut-être lâché la main à un tournant de votre vie. Souvent à votre insu. Depuis, ignoré, malmené, abandonné, il s'est fait discret ou mutique. Prisonnier de votre inconscient ou de vos peurs, il fait parfois des apparitions furtives. Provoquez les rencontres le plus souvent possible ! Le retrouver, c'est vous transformer. Retrouvez-le !

Comment ?

Chaque fois que vous vous sentez traversé par une émotion dite « négative » (tristesse, peine, colère, négation de soi...) rejouez la séquence qui suit et laissez parler votre enfant intérieur.

Passez mentalement derrière la caméra et observez la scène qui se joue sous vos yeux.

Devant vous, imaginez ces parts de vous à différents âges (votre enfance ou adolescence), observez leurs attitudes, leurs je(ux) et ressentez ce qui vous traverse. Certaines parts de vous seront très heureuses, mais l'une d'elles se démarquera spécifiquement par l'absence de joie, la tristesse, la colère ou un mal-être. Zoomez sur votre enfant intérieur à cet âge, observez les traits de son visage, sa manière de se tenir et d'agir.

Approchez-vous de lui.

Parlez-lui

Parlez-lui comme vous vous adresseriez à une personne réelle. Et demandez-lui :

Comment te sens-tu ?

Qu'est-ce que te fait ressentir cette émotion (la nommer) ?

De quoi as-tu peur ?

De quoi as-tu besoin ?

Qu'est-ce qui, dans mon attitude d'aujourd'hui, continue à te faire du mal ?

Comment puis-je te rendre heureux ?

Laissez le dialogue s'écrire sous vos yeux, mentalement, ou écrivez-le sur papier ou clavier pour le relire ensuite.

Serrez votre enfant intérieur dans vos bras.

- Demandez-lui/vous pardon.
- Murmurez à son oreille : « Je t'aime tel que tu es. Je t'aime et, à partir de maintenant, je veillerai à t'écouter exprimer tes peurs, tes croyances, tes besoins, tes désirs et tes choix juste pour voir ton visage s'illuminer d'un sourire. »
- Demandez-lui ce qui lui ferait plaisir là tout de suite maintenant parce que :

S'émerveiller, c'est voir le monde avec les yeux de votre enfant intérieur.

Émerveillez-vous de la vie qui vous entoure

Puis, desserrez l'étreinte et faites grandir cet enfant jusqu'à votre âge actuel et fusionnez.

Portez votre attention sur votre corps. Sentez comment votre enfant intérieur, reconnu, entendu, vous comble et fait de vous un adulte complet et épanoui.

Répétez cette scène chaque fois que vous ressentez une émotion négative. Vous êtes plusieurs, et chacun de vos enfants intérieurs a besoin d'être regardé, écouté, entendu et mis en lumière. Amener votre enfant intérieur à reprendre sa place dans le passé l'en libère et permet à l'adulte que vous êtes de se transformer.

Main dans la main, l'enfant et l'adulte en vous créent votre singularité.

Réconcilié, vous vous dépassez et vous vous tournez vers les autres.

❷ TROUVEZ VOTRE RAISON D'ÊTRE AVEC L'IKIGAI

Écrire est plus qu'une passion, c'est mon ikigai : ma raison d'être au monde et d'être là pour les autres.

Concept japonais né sur l'île d'Okinawa, ikigai signifie littéralement « vie » (*iki*), « qui vaut la peine » (*gai*). L'ikigai est ce qui vous anime, la raison pour laquelle vous vous levez le matin. C'est à la fois un idéal et une force motrice.

Trouver votre ikigai, c'est aligner votre cœur, votre âme, votre corps et votre esprit.

Votre équilibre naît de la synergie de quatre sphères :

- Ce que vous aimez faire.
- Ce pour quoi vous êtes doué.
- Ce pour quoi vous êtes payé.
- Ce dont le monde a besoin.

Le monde a besoin de votre talent.
Le trouver, c'est exister à votre manière : singulière.

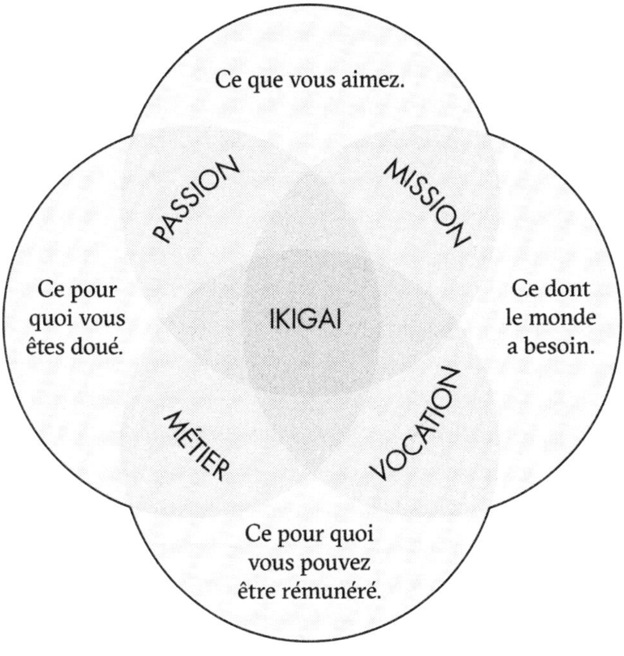

À l'intersection de ces quatre éléments, identifiez votre ikigai :

- **Passion** : née de la synergie entre ce que vous aimez et ce pour quoi vous êtes doué.
- **Mission** : née de la synergie entre ce que vous aimez et ce dont le monde a besoin.

- **Vocation** : née de la synergie entre ce dont le monde a besoin et ce pour quoi vous êtes payé.
- **Profession** : née de la synergie entre ce pour quoi vous êtes doué (aptitudes) et ce pour quoi vous êtes payé (compétences).

Trouver son ikigai, c'est identifier ce qui émerge à l'intersection des quatre sphères : ce qui s'y trouve est un juste équilibre, un subtil alliage de votre passion, votre mission, votre vocation et votre profession.

À vous de percer le secret de ce qui vous fait vibrer et apportera une pierre au grand édifice du monde.

Trouver son ikigai, c'est embarquer dans une introspection, un voyage au cœur de l'être profond. Là-bas, pas de place pour les mensonges ou les faux-semblants, c'est un tête à tête entre vous et vous.

Faites-vous le serment de répondre à ces questions avec le plus de sincérité, d'honnêteté et de franchise possible pour ne plus jamais vous voiler la face sur vos désirs profonds et laisser émerger votre *vrai* visage :

Enfant, qui rêviez-vous d'être lorsque vous seriez grand ?

....

....

Qui admirez-vous le plus et pourquoi ?

....

....

Qu'est-ce qui vous fascine, vous émerveille le plus dans la vie ?

....

....

Pour quoi vous sentez-vous doué ? (si si, vous êtes doué, cherchez, vous allez trouver !)

....

....

Si vous n'aviez pas à travailler pour gagner votre vie, que feriez-vous ?

....

....

Que continueriez-vous à faire même si vous n'étiez pas payé pour ?

....

....

Si tout était possible : qui seriez-vous ? Que feriez-vous ? Où seriez-vous ?

....

....

Qu'aimeriez-vous offrir au monde ? Comment pourriez-vous commencer dès aujourd'hui ?

....

....

❸ SUIVEZ VOTRE INTUITION

Intuitif, le producteur, s'il calcule pour faire les paris les plus fructueux, s'en remet aussi à son ressenti. À son intuition. C'est cette conviction intime qui vous traverse de manière aussi fulgurante qu'inexpliquée, que vous ne pouvez justement pas expliquer… et que vous devrez suivre pour être en accord avec vous : écoutez-vous !

Vous seul savez ce qui est juste pour vous !

Aujourd'hui, lorsque vous aurez une décision à prendre : quelle que soit sa nature, personnelle ou professionnelle, « sentez » la réponse au lieu de la penser…

Comment ?

Fermez-les yeux et inspirez. Demandez-vous : « Est-ce qu'il est juste, selon moi, de faire du sport ce soir ? De négocier mon salaire ? De décliner la proposition de sortie de mon ami... ? » Et portez votre attention à votre corps : est-il tendu ou détendu ? S'il est tendu, la réponse que vous vous apprêtez à donner est en désaccord avec votre désir profond... C'est votre mental et non votre intuition qui vous répond.

Reposez-vous la question et répondez en étant le plus honnête avec vous-même...

La réponse sera différente, n'est-ce pas ?

À renouveler aussi souvent que possible, pour les petites comme pour les grandes décisions ! Chaque fois...

Votre corps sait ce que votre raison ignore encore.

OMBRE OU LUMIÈRE ?

Dans l'ombre...

Vous avez momentanément perdu votre joie et le doute prend le pas sur l'estime de soi. Vous cherchez regards et égards qui vous portent quand l'incertitude, au creux du vague à l'âme, vous emporte. Vous sous-estimez vos ressources intérieures et vous vous abreuvez à la source des conseils extérieurs.

Dans la lumière...

Vous prenez le temps d'écouter la petite voix de votre enfant intérieur et vous vous émerveillez de ces petits riens qui sont tout. Vous suivez votre intuition et vivez en accord avec ce qui vous met en joie. Conscient de vos trésors intérieurs, vous rayonnez jusque dans l'ombre, et sans en faire !

CALL TO ACTION

Cultivez la joie

Retrouvez ce qui vous met en joie, vous.

Quand vous étiez môme : à quoi passiez-vous votre temps ?

Que faisiez-vous pour tromper l'ennui ?

Qu'est-ce qui vous mettait le plus en joie ? Dessiner ? Danser ? Enfiler des perles ? Cuisiner ? Faire du basket ? Contempler la nature ? Jouer du piano, du violon ? Lire ? Écouter de la musique ? Faire rire les autres ?

Quelles activités vous procurent le plus de joie et de plaisir ? Listez-les par ordre de préférence en partant de celle que vous affectionnez le plus.

RITUEL

- Reprenez la liste des activités qui vous procurent le plus de joie et de plaisir. Relisez-la. Prenez la première. Si c'est toujours la number 1 qui vous met le plus en joie... choisissez de commencer par elle. Dans le cas contraire : changez-la contre celle qui vous appelle à l'instant T.
- Prenez un timer et demandez-vous quel temps vous êtes prêt à vous consacrer, à vous réserver pour vous adonner à ce qui vous procure tant de joie. Osez ! Programmez-le sur le nombre de minutes estimées.
- Ouvrez votre agenda, choisissez un jour et prenez rendez-vous avec « Vous-m'aime », vous-même.
- Choisissez l'heure, notez le lieu, l'activité et le temps que vous avez l'intention de vous consacrer : 5, 10, 15, 20 minutes. Commencez par quelques minutes pour apprivoiser votre mental qui pourrait être effrayé à la perspective de prendre « tout » (vous soufflera-t-il) ce temps pour vous seul.
- Le jour J : vous déclinez toute contreproposition qui vous détournerait de vous... et de ce tête-à-tête privilégié avec vous-même !
- À l'heure H : programmez votre timer sur le temps prévu... et lancez-vous !
- Félicitez-vous et récompensez-vous pour ancrer ce nouveau rituel.
- À renouveler chaque semaine, et quand vous êtes prêt, augmentez la durée que vous prenez pour investir dans votre joie... et la fréquence !

Cultivez votre joie, elle est le producteur
de votre plus grande réalisation : la vôtre.

FILM INSPIRANT

***Happiness Therapy*, réalisé par David O'Russell, avec Bradley Cooper, Jennifer Lawrence et Robert de Niro.**

Synopsis : Quand un bipolaire qui a tout perdu retourne vivre chez ses parents et rencontre une voisine sulfureuse, borderline et dépressive, il croit se faire une alliée pour reconquérir l'amour de sa vie, mais...

La joie est parfois là où on ne l'attend pas,
elle surgit toujours de l'acceptation de soi.

BANDE ORIGINALE

***Jai Ho !* The Pussicats Dolls, Allah Rakha Rahman.**

Why ? L'écouter me met en joie car je l'ai dansé en cours grâce à *my dance teacher* ! Une fois que vous savez ce qui vous met en joie, c'est ce qui vous donne la foi et l'envie d'aller de l'avant, comme ils le chantent...

Les sources, les ressources sont intarissables quand vous puisez en vous.

MORALE DE CE SCÉNAR ?

Vous êtes le producteur de votre bonheur... écouter la voix de votre enfant intérieur vous guidera vers la réalisation de vous-même.

Investissez dans ce que vous avez de plus précieux :
vous-même.

Je prends du temps pour moi,
je prends le temps d'être moi.

3

STORY-BOARDER

l'art de visualiser votre objectif et le pouvoir de votre intention

Inspiration

STORY-BOARDER AU CINÉMA

« Une image vaut mille mots. »
Confucius

Une fois que le producteur est trouvé, le scénariste travaille en duo avec un story-boarder pour mettre son scénario en images... à moins qu'il ne cultive ce talent lui-même.

Amateurs de BD, vous allez l'adorer ! Le story-boarder traduit courts et longs métrages en images. À la lecture du scénario, il transforme les mots en illustrations. Il découpe alors l'histoire en croquis et dessins qui deviendront des séquences au tournage. Transcription visuelle du script, le scénarimage, comme on dit en français, prend l'apparence d'une bande dessinée qui embarque toute l'équipe du film dans l'histoire en lui indiquant quoi faire !

SON RÔLE ?

D'un coup de crayon, le story-boarder traduit le scénar en dessins, le divisant ainsi en « plans » qu'il annote d'indications scéniques (mouvements des acteurs...), techniques (mouvement des caméras, lumières...) et de dialogues. Suggérant mise en scène et bande sonore, le story-boarder transmet à l'équipe exactement ce qu'elle doit filmer : qui, où, quand, comment et sous quel angle !

SON QUOTIDIEN ?

Le story-boarder passe son temps à lire, à analyser des scénar et à en dessiner les plans séquences en couleurs ou en noir et blanc pour en définir la durée, pensez-vous ? C'est un peu plus subtil ! En collaboration avec le réalisateur, il se glisse dans la peau du scénariste et en transcrit les desiderata et les intentions avec justesse, pour ensuite les communiquer à tous. Forces et faiblesses du scénar sont décelées, il écrit alors la partition qui permettra à tous de jouer la grand-messe sans fausses notes.

SA COMPÉTENCE CLEF ?

Dessiner ! Le story-boarder exprime tout en dessins ! Expressions, attitudes et psychologies des personnages, voire parfois de l'auteur.

SA QUALITÉ SINGULIÈRE ?

Le story-boarder est un créatif, inventif, artiste ou pas.

SON VERBE FÉTICHE ?

Visualiser, au sens propre comme au figuré.

SON OBJECTIF ?

Le story-boarder a à cœur de retranscrire l'histoire d'un scénario en images qui reflètent les ambitions, les intentions et les messages du réalisateur.

Action !

STORY-BOARDER DANS LA VIE

« Je rêve mes peintures
et ensuite je peins mes rêves. »
Vincent Van Gogh

Vous, story-boarder ?

Vous visualisez les séquences du film que vous désirez vivre et de la personne que vous désirez être. Plus seulement dans vos pensées. Non. Sur le papier. Comme le story-boarder traduit en images, en dessins, les pensées du scénariste et en exprime les intentions, vous aussi vous allez passer de la pensée à l'image.

VOTRE RÔLE SI VOUS L'ACCEPTEZ

Mettre en images vos objectifs et esquisser les contours de votre nouvelle vie pour le mois, l'année à venir ou toute votre existence ! À vous de savoir si vous préférez la jouer plan serré en zoomant sur un seul des domaines de votre vie – sentimental, professionnel… –, ou en plan large, offrant le panorama de la vie que vous appelez de tout votre être !

VOS TALENTS

Vous avez le pouvoir de l'intention et le pouvoir de la visualisation pour attirer le changement en vous comme autour de vous.

VOTRE ACCESSOIRE

Vous troquez la montre/le timer pour le dessin ou les images... les vôtres ou ceux des autres.

Le story-boarder dessine l'histoire que le scénariste s'est racontée, et c'est à partir de ces dessins que le réalisateur, les acteurs, l'équipe de tournage vont réaliser le film, parce qu'ils se sont projetés.

Le dessin, les images matérialisent sur le papier vos objectifs réalisés. C'est une passerelle vers leur concrétisation, une manière de les ancrer dans votre réalité.

Regarder, c'est se projeter pour se réaliser.

SILENCE

Fermez les yeux et visualisez ce que vous aimeriez voir changer dans votre vie en premier plan.

Peut-être désirez-vous vous changer « vous », ou quelque chose en vous, adopter une autre manière d'être, d'agir, de penser ? Ou une situation ?

Laissez vos désirs s'exprimer comme ils vous viennent, avec bienveillance, et sans jugement.

MOTEUR

Imprégnez-vous de l'ambiance générale, de l'énergie. Puis zoomez sur les détails qui vous interpellent parce que vous ne les avez jamais remarqués dans votre vie actuelle : un vêtement, une couleur, un lieu, un tatouage, tout ce qui attire votre attention. Qu'est-ce qu'ils représentent, incarnent et symbolisent pour vous ?

Mémorisez ces détails.

ÇA TOURNE

Focalisez votre attention sur les émotions que ce changement visualisé vous procure. Quelles sont-elles ? Dessinez-les. Que vous soyez dessinateur ou pas, ce qui compte, c'est de faire ressortir ce que vous ressentez : formes, couleurs et tous les symboles qui y sont associés et qui vous sont propres. À vos crayons !

ACTION !

La séquence du story-boarder en appelle à votre imagination et à l'image comme supports, à leur pouvoir suggestif et symbolique pour déployer le pouvoir de votre intention.

❶ CONFECTIONNEZ VOTRE TABLEAU DE VISUALISATION

Après avoir visualisé virtuellement vos envies et votre vie, restituez matériellement votre vision à partir d'images qui symbolisent votre objectif ! La simple idée de dessiner vous affole ? Pas de panique : la technique du tableau de visualisation ne requiert que votre imagination !

Un tableau de visualisation est un collage créatif de photos, mots, citations, dessins qui expriment tout ce que vous désirez vivre, attirer et voir se manifester dans votre vie. C'est une composition de votre création qui vous reconnecte à vos désirs profonds, suscite la joie et vos émotions les plus positives. Projeté dans un futur presque palpable, vous l'attirez !

Matériel ?

- Munissez-vous d'un grand panneau de carton, d'un poster ou d'une feuille cartonnée A3 selon la folie de vos grandeurs, de magazines, de journaux.
- Découpez photos, images, citations, numéros, phrases, mots-clefs qui font écho en vous dans des magazines et journaux.
- Dénichez photos personnelles en tout genre (personnes, personnalités, lieux...) qui vous inspirent, vous appellent, de petits objets breloques, des étoffes...(que vous pourrez coller aussi dessus).
- Glanez sur Internet ou dans les magasins les détails-symboles qui incarnent votre désir réalisé : la nouvelle personne que vous voulez être, l'expérience que vous voulez vivre.

Technique de la visualisation créatrice

Visualiser crée ! L'imagination mobilise le même réseau cérébral que la perception ! Visualisez ce que vous désirez, en portant votre attention sur les ressentis de votre corps pour ancrer dans votre réalité ce que vous imaginez.

Pour réaliser votre tableau de visualisation et surtout la manifestation de ce que vous désirez dans votre vie :

- Définissez un objectif, le ou les secteurs que vous désirez voir évoluer.
- Lancez une musique qui vous met en joie, allumez des photophores, diffusez des huiles essentielles, brûlez de l'encens ou ouvrez simplement la fenêtre : créez une ambiance cocoon inspirante !
- Choisissez les photos, images, citations, mots, petits objets qui sont en lien avec votre objectif ou qui le symbolisent (des gens qui rient pour le bonheur, une ballerine si vous souhaitez être danseuse…).
- Composez, créez votre tableau de vision à partir des éléments découpés en vous laissant guider par vos désirs, la joie en complice.
- Dessinateurs en herbe ou confirmés : faites-vous plaisir en dessinant vos désirs, envies, voyages… tout ce qu'aucune image, photo, mot n'exprimerait mieux que votre coup de crayon.
- Accrochez votre tableau de visualisation dans un endroit où votre regard se posera le plus souvent possible.

❷ PRATIQUEZ LE POUVOIR DE L'INTENTION

Serions-nous les auteurs inconscients de ce qui nous arrive ? Plus qu'un désir ardent de l'esprit, l'intention est une force universelle grâce à laquelle nous nous réalisons. C'est une pratique de transformation puissante. L'intention ne remplace pas l'action, elle la précède et l'insuffle. Nommée, votre intention est amenée à votre conscience et vous vibrez dès lors sur une autre fréquence. La clef : éprouvez la sensation du résultat souhaité comme si vous y étiez déjà parvenu.

Concentrez-vous sur les émotions futures que vous procurerait le fait d'être la personne que vous rêvez d'être…

Vibrez de vos émotions futures pour un futur inconnu !

En investissant cette nouvelle énergie, vous attirez personnes et circonstances qui concourent à la réalisation de votre intention (rêve, projet...).

Votre intention doit :

- être claire,
- être positive,
- résonner en vous,
- tendre vers un objectif.

Une règle d'or : une fois votre intention envoyée à l'univers, détachez-vous du résultat et observez.

Pouvoir de l'intention et tableau de visualisation

Tous les matins :

- Postez-vous face à votre tableau de visualisation, vivez en conscience les émotions que sa vue vous procure.
- Posez une intention : « Aujourd'hui, mon intention est... » par écrit ou à voix haute. Une seule, qui vous rapprochera de votre objectif.

Tous les soirs, contemplez votre tableau et fixez votre attention sur le bonheur d'avoir réalisé votre intention du jour. Décrivez en quoi votre réalité est déjà différente.

Vous venez de créer un puissant allié : « votre modèle sensoriel », un tableau de visualisation associé à vos ressentis positifs. Faites-en votre compagnon quotidien.

❸ CAPTEZ LA BEAUTÉ DE L'INSTANT

Une fois par semaine, traquez la beauté de l'instant, appareil photo, téléphone, fusain et calepin pour les dessinateurs, pinceaux et toiles pour les peintres, soyez prêt à saisir la beauté du moment.

Sortez de chez vous dans un état d'esprit positif, avec l'envie de débusquer et de capturer la beauté dans les choses les plus simples. Partez avec l'idée d'immortaliser ce qui vous émeut,

- vous plonge dans un état de pleine conscience devant ce qui se joue sous vos yeux et vous détourne de ce qui se rejoue dans les coulisses de vos pensées,
- vous réapprend à vous émerveiller des choses simples.

Regardez autour de vous et attardez-vous sur ce qui attire votre attention et vous émerveille : un coucher de soleil, le sourire d'un passant, la rosée perlant sur un pétale de rose, des enfants qui jouent ensemble, une tarte aux pommes dans une vitrine, la devanture d'un bâtiment... : ce qui vous interpelle, pourvu que ce petit rien soit votre tout du moment.

Photographiez et mémorisez dans votre téléphone les images captées et notez sur un cahier ce qui sur ces « reproductions visuelles » vous a fait ressentir des émotions positives. Nommez-les.

Chaque fois que vous sentez le vague à l'âme vous submerger : sortez téléphone, calepin, cahier, et contemplez ces images qui vous ont enchanté. Attentif au bien-être que les regarder vous procure, sentez votre corps se détendre, vos pensées se mouvoir vers des scènes heureuses.

Mettez-vous-en plein la vue et voyez toujours en grand !

OMBRE OU LUMIÈRE ?

Dans l'ombre...

Votre vie est un jour sans fin, un story-board où chaque plan-séquence n'est que la réplique identique de celui de la veille et se répète à l'infini ? Vous restez prisonnier du plan dessiné : mêmes personnes, mêmes activités, mêmes habitudes, suiveur ou admirateur. Sortez du cadre... !

Dans la lumière...

Vous osez vivre en marge, hors cadre, hors normes. Dépasser les limites ne vous fait pas peur, mieux, cela vous attire. Vous avez suffisamment d'humilité pour apprendre d'un mentor et de son parcours inspirant, et marcher dans ses pas pour un jour prendre, à votre tour, les devants.

CALL TO ACTION

Rejouez le scénario version happy end et...

Vous et les autres

Chaque fois qu'une personne ou une expérience suscite en vous des émotions négatives, recherchez les images, les « reproductions visuelles » qui vous ont procuré joie, sérénité, bonheur, bien-être ou rire, et observez-les en les laissant de nouveau s'immerger en vous.

Vous devenez ce que vous regardez :
posez votre regard sur ce qui vous élève.

Vous et vous

Et pour redorer votre estime de vous : glissez-vous dans le rôle de votre vie ! Comment ? Imaginez le décor, le contexte, faites la mise en scène... posez... et prenez-vous en photo !

Gardez-la précieusement et regardez-la chaque jour : ce sera votre alliée, qui vous remémorera votre intention et vous insufflera du courage en toutes situations.

RITUEL

Un soir, durant un week-end : réservez un moment de partage avec votre meilleur ami ou votre amour, et regardez ensemble les photos des moments de joie que l'un et l'autre vous avez vécus et immortalisés au cours de la semaine qui s'est écoulée.

Ritualiser ce partage ouvre le champ des possibles, bonheurs et joies étant propres à chacun.

L'image donne à voir au-delà de ce qu'on imagine.

FILM INSPIRANT

***Million Dollar Baby*, de et avec Clint Eastwood, Hilary Swank et Morgan Freeman.**

Le jour où Maggie Fitzgerald débarque à la salle de boxe de Frankie Dunn, un entraîneur mis sur le banc de touche, à la recherche d'un coach pour concrétiser son rêve – monter sur le ring –, leurs vies sont bouleversées. Quand un mental d'acier transforme une lutte contre soi-même en un désir irrépressible de vaincre... Maggie s'est toujours considérée et visualisée comme une championne. Elle a déployé toutes les actions pour réaliser son rêve. Coûte que coûte. Sans jamais abandonner.

Désirer ardemment,
c'est se surpasser pour être qui l'on est vraiment.

BANDE ORIGINALE

***Over the Rainbow*, Jack Hylton and his orchestra.**

Why ? Penser au meilleur l'engendre ! Le soleil est toujours là blotti contre le ciel bleu ou tapi derrière un nuage. Quand il est trop loin, j'attrape un arc-en-ciel...

MORALE DE CE SCÉNAR

Choisissez (intention) de porter votre regard (attention) sur les personnes et les situations qui pavent la voie vers votre évolution.

Inspiration et attention
amorcent votre transformation.

Je suis qui je désire vraiment être.

4

DIRECTEUR DE CASTING

ou l'art de bien vous entourer

Inspiration

DIRECTEUR DE CASTING AU CINÉMA

« Le hasard a toujours du talent. »
Claude Lelouch

Une fois le scénario mis en images, le directeur de casting entre en scène. À lui de jouer pour trouver les acteurs qui collent à ses protagonistes de papier.

Découvreur de talents, le directeur de casting arpente rues, théâtres, festivals pour trouver la personnalité, la gueule, le profil qui incarnera le rôle imaginé par le scénariste et traduit par le réalisateur. Flair et feeling le guident vers les personnalités et acteurs qui feront s'émouvoir cinéastes et cinéphiles.

SON RÔLE ?

Dénicher la perle rare. Trouver les personnalités, les gueules, les profils qui feront vibrer réalisateur et spectateurs en portant l'histoire du film qu'ils incarnent.

SON QUOTIDIEN ?

Contacté par la production ou le réalisateur avant le tournage pour assurer le casting idéal d'un film, le directeur de casting s'imprègne du scénario, s'enquiert des désirs du réalisateur et de son *mood board* (qu'on pourrait traduire par « planche de tendances »). Désirs qui se font critères. Lorsqu'il a cerné les rôles, il chasse les têtes, dans ses fichiers ou au cours de castings sauvages (dans la rue). Aux auditions, essais qui s'ensuivent, il passe au crible le jeu des comédiens, attentif à leur personnalité, à leur façon de bouger devant la caméra, à leurs réactions face à l'objectif. Une fois le catalogue de sa sélection établi, il le propose au réalisateur qui dispose !

SA COMPÉTENCE CLEF ?

Il réseaute ! Il possède le plus grand carnet d'adresses !

SA QUALITÉ CLEF ?

Physionomiste, le directeur de casting est un observateur hors pair.

SON VERBE FÉTICHE ?

Bien s'entourer.

SON OBJECTIF ?

Trouver le talent déjà avéré ou insoupçonné pour donner vie au scénario.

Action !

DIRECTEUR DE CASTING DANS LA VIE

« Parfois, c'est aussi ça, l'amour : laisser partir ceux qu'on aime. »
Joseph O'Connor

Vous, directeur de casting de votre vie ? Vous vous aimez – enfin – et vous vous respectez autant que vos ressentis, idées, choix. Conscient de qui vous êtes, vous ne laissez plus entrer n'importe qui dans votre vie.

Riche de votre amour et de votre vie intérieure, vous ne cherchez plus l'approbation extérieure : adieu syndrome d'inclusion[1], soumission, négation de soi, peur de déplaire. Vous choisissez les acteurs de votre vie, proches comme relations, par le cœur et non par la peur.

VOTRE RÔLE SI VOUS L'ACCEPTEZ

Détecter les injonctions des premiers acteurs de votre vie (famille et proches) pour vous en libérer et choisir votre famille de cœur.

VOTRE TALENT

Votre assertivité[2]. Vous avez le droit de dire non : osez ! Affirmez-vous et exprimez vos choix. Rompez les liens

1. Syndrome d'inclusion : tout faire pour être inclus dans un groupe, même si cela signifie se renier et étouffer sa singularité pour se fondre dans l'ensemble.
2. Assertivité : aptitude à exprimer des idées ou à défendre des droits sans agressivité envers autrui (Andrew Salter).

toxiques qui vous brident, vous coupent les ailes, et prenez votre envol.

VOTRE ACCESSOIRE

Vous troquez le dessin, les photos pour... la bande démo[1] ! La bande démo d'un comédien est son « CV vivant », un nano-film de deux à trois minutes de ses meilleures performances.

1. Bande démo : de l'anglais *showreel*.

SILENCE

Fermez les yeux. Repensez à la dernière fois où vous avez dit oui alors que vous rêviez de dire non.

Qui se trouvait en face de vous ?

Quel était le sujet de votre échange ?

Comment a réagi l'autre personne lorsque vous avez accepté ?

MOTEUR

Visualisez-vous dans la même situation en changeant la scène : cette fois, vous *osez* dire *non*. Comment réagit votre interlocuteur ?

ÇA TOURNE

Concentrez-vous sur l'évolution de vos ressentis entre la première situation – où vous dites oui en pensant non – et la seconde – où vous vous respectez et osez dire non.

Et décrivez :

- Quelles émotions avez-vous ressenties en mode négation de soi ?
- Quelles émotions avez-vous ressenties en mode assertion : je dis non ?
- Sentez-vous physiquement, dans votre corps, une différence en changeant de posture ? Décrivez.

ACTION !

La séquence du directeur de casting mobilise vos liens relationnels et votre manière de communiquer

❶ LE DROIT DE VOUS AFFIRMER POUR ÊTRE ACTEUR DE VOTRE VIE

En bon directeur de casting, vous décelez d'abord ce qui en vous ne vous appartient pas : qui parle à votre place ? Votre mère, votre père à travers ces injonctions, schémas psychologiques et actions mécaniques ?

Ne pas faire de vagues pour ne pas déranger ou pour mieux s'intégrer ? Non ! S'affirmer et dire ce que vous pensez avec respect ? Oui. Confronter n'est pas combattre ni s'opposer, c'est exposer ce que vous ressentez et votre manière de voir la vie.

S'affirmer, c'est poser les limites, vous respecter et prendre votre place. Vous seul pouvez prendre la place à laquelle vous avez droit. Vous vous attribuez le rôle de votre vie : le premier, pour ensuite choisir à qui vous donnerez la réplique : aux acteurs bienveillants et soucieux de votre bonheur.

❷ IDENTIFIEZ LES MESSAGES CONTRAIGNANTS

Mentalement, votre voix intérieure vous intime encore de vous faire tout petit parce que, lorsque vous étiez enfant, justement, les injonctions parentales ou familiales ont façonné vos comportements et vos attitudes pour que vous soyez plus « aimable », et donc « plus aimé » ? Leurre qui vous a rendu plus malléable, plus influençable et plus adaptable.

Les injonctions ont deux faces identifiées : un côté positif et un autre négatif. Vous pouvez ne garder que la part solaire et agir dans le juste respect de vous et de l'autre.

Quelle est l'injonction – « *driver* » en analyse transactionnelle[1] – à laquelle vous exhorte encore la petite voix de votre inconscient et qui vous fait agir malgré vous et en dépit de vos désirs ?

Dépêche-toi

Objectif : « Faire le maximum en un minimum de temps »

Les moins : impatient, vous ne prenez pas le temps de vivre et pensez toujours à l'instant d'après. Vous vous mettez une pression sans nom pour accomplir le plus de choses possible (tâches, activités, sport, travail...), privilégiant la quantité à la qualité. Vous vous ennuyez rapidement.

Les plus : réactif, toujours en mouvement, vous honorez les délais les plus courts !

Pour contrebalancer : lâchez prise, posez votre montre et autorisez-vous à vous ennuyer.

Mon message : prenez votre temps, c'est un précieux allié.

Tout ce qui vous est destiné
viendra à vous au moment parfait.

Fais des efforts

Objectif : « Montrer que vous faites mieux que les autres »

Les moins : pour vous, il faut souffrir pour réussir. Ce qui s'obtient trop facilement perd grâce à vos yeux. Vous ne vous autorisez pas à vous faire plaisir.

Les plus : patient et persévérant, vous donnez toujours le meilleur de vous.

Pour contrebalancer : faites des petites choses avec le cœur, pour réapprendre la valeur des choses simples.

Mon message : quoi que vous fassiez, faites-le avec joie, cœur et plaisir.

1. Injonctions, *drivers* : en analyse transactionnelle, les *drivers* sont des messages contraignants intégrés pendant l'enfance qui vous empêchent d'être pleinement vous ! L'analyse transactionnelle a été inventée dans les années 50 par Éric Berne, psychiatre et psychanalyste. Cette technique d'analyse de la personnalité (trois états du moi : parent, enfant, adulte), de communication et de rapports sociaux, est un outil de transformation et d'évolution.

Le bonheur se love
dans ces petits riens qui font tout.

Sois fort

Objectif : « Tout faire pour ne jamais avoir besoin des autres »

Les moins : coupé de vos émotions, vous évitez de les montrer, car vous y voyez un signe de faiblesse. Vous fuyez discussions, personnes et situations conflictuelles qui pourraient vous rendre vulnérables. Vous ne comptez que sur vous.

Les plus : résistant à la pression, qui est un moteur plus qu'un frein, vous gérez l'adversité d'une main de maître avec un calme olympien même en temps de crise !

Pour contrebalancer : écoutez vos émotions, soyez fort de votre nature.

Mon message : osez demander de l'aide, c'est une force. À deux, c'est souvent mieux grâce à l'association des énergies !

On a tous à apprendre de quelqu'un :
on est riche les uns des autres.

Sois parfait (ou toute autre version « Ça doit être parfait »)

Objectif : « Tout doit être parfait » quel que soit le domaine

Les moins : éternel insatisfait, vous êtes assoiffé de reconnaissance, et vous craignez le jugement des autres. Vous êtes un *control freak*[1].

Les plus : perfectionniste, vous êtes doté d'une exigence hors pair et vous vous sentez capable d'accomplir de grandes choses.

Pour contrebalancer : considérer les échecs de ceux qui ont réussi comme les vôtres : ils sont des clefs de compréhension de vous-même et des leviers de transformation.

Mon message : soyez vous-même, vous avez droit à l'erreur.

Échouer quelque part, c'est réussir ailleurs !

1. Control freak : obsédé du contrôle : sur tout et tous !

Fais plaisir

Objectif : « Vous occuper du mieux possible des autres » au risque de vous oublier vous-même

Les moins : prêt à tout pour être aimé, vous n'osez pas dire non par peur de blesser ou de décevoir. Vous faites passer les autres avant vous pour obtenir leur approbation et ne vous positionnez jamais clairement.

Les plus : empathique et altruiste, toujours positif, on recherche votre compagnie.

Pour contrebalancer : reconnectez-vous à votre corps : sentez s'il est tendu dans les situations d'inconfort et respirez. Osez dire ce dont vous avez besoin.

Mon message : faites-*vous* plaisir, écoutez votre intuition et exprimez vos émotions.

Parfois, dire non à l'autre,
c'est se dire oui à soi.

❸ FAITES LA BANDE DÉMO DES INJONCTIONS QUI VOUS ONT CONSTRUIT

Bande démo « On rembobine »

Pour identifier les injonctions qui vous ont accompagné jusqu'à aujourd'hui et vous en libérer, faites mentalement la bande démo des moments où une phrase, une remarque vous a fait ressentir de la tristesse, de la peine, de la solitude, de l'impuissance ou toute autre émotion dite « négative », et à la suite de laquelle vous avez ajusté votre comportement pour ne pas déplaire. Notez la récurrence de certains mots qui déclenchent chez vous le mal-être et de fait le travestissement de votre désir pour combler celui de l'autre.

Une fois ces moments visualisés, vous saurez où se loge l'injonction qui vous fait accepter les desiderata de votre interlocuteur à défaut des vôtres, par peur de ne pas être aimé, ou pour l'être...

Prenez votre Smartphone ou votre caméra, et postez-vous face caméra pour vous filmer.

Dites ce que vous ressentez chaque fois que l'on vous somme d'être fort, parfait – quels que soient les mots ou le ton utilisés pour le dire.

Par exemple :

« Lorsque tu me dis "Dépêche-toi", j'ai l'impression d'être toujours en retard, de ne jamais être là où tu m'attends, de ne jamais avoir le temps ou pas assez pour bien faire. »

« Lorsque tu me dis "Sois fort !", je me sens impuissant parce que tout donner ne semble pas assez pour toi. »

Dites tout ce que *vous* ressentez... *vous*, avec vos mots à *vous*. Laissez monter les émotions, larmes, rire ou toute autre manifestation de vos ressentis.

Et regardez cette bande démo chaque fois que vous avez le sentiment d'avoir dit oui ou fait quelque chose pour plaire ou ne pas déplaire. Cela vous encouragera à renoncer à vous nier une fois encore. Vous avez les mots pour le dire, vous avez le droit d'être vous, quitte à déplaire, à perdre. Parce que vous gagnerez toujours à être *vous*.

Bande démo « On projette »

Maintenant, réalisez la bande démo qui exprime votre singularité. Ici, vous vous faites acteur dans un premier temps, mais ce qui compte, c'est le second temps : quand vous vous glissez dans le rôle de directeur de casting qui visualise la bande démo... vous en face de vous-même. Quel regard portez-vous sur vous ?

Dans un premier temps, face caméra, présentez-vous comme si vous vouliez décrocher « le rôle de votre vie ». Le rôle de votre vie est unique, comme vous, et diffère selon qu'on est artiste ou maman... Votre place idéale, c'est peut-être d'être super maman ou papa, cordon-bleu, avocat, dessinateur, ou sportif, peu importe ! Exprimez vos qualités, votre singularité tout ce qui dit :

Pourquoi vous et personne d'autre...
et ce qu'être à cette place représente pour vous.

Soyez créatif, tout est permis : vous pouvez jouer ou juste parler, vous pouvez danser, crier, chanter, prendre un autre ton ou imiter quelqu'un. Tout pourvu que vous parliez de vous, et de ce vous que vous désirez être.

Dans un second temps : en directeur de casting, regardez votre bande démo avec attention. Listez les raisons qui vous encourageraient à vous sélectionner pour le rôle de votre vie : celui pour lequel vous avez précisément réalisé cette bande démo.

Vous pouvez demander à votre meilleur ami de la visionner et de vous dire ce qu'il a perçu de vous, de votre désir dont il n'avait peut-être pas pris conscience jusqu'alors.

Écoutez les petites voix de votre passé :
ne suivez aujourd'hui que celle de votre cœur,
lui seul détient votre vérité.

❹ FAITES LE CASTING IDÉAL ET ROMPEZ LES LIENS TOXIQUES

On ne choisit pas sa famille, croyez-vous ? Si, figurez-vous ! Vous avez hérité d'une famille de sang, mais vous pouvez composer une famille de cœur.

Choisir de se couper des personnes toxiques qui vous pompent votre énergie, vous tirent vers le bas, vous envient, vous dénigrent ou vous veulent du mal n'est pas une option, c'est un devoir, un pouvoir, une nécessité. Liens du sang ou de cœur, c'est du poison qui coule dans vos veines.

Identifiez les personnes qui vous font vous sentir mal en leur présence ou par leurs mots, actions, gestes ou absences d'attention en vous confectionnant *mentalement* la bande démo qui les rassemble.

Pour quelle raison ?

Le monde extérieur reflète votre monde intérieur :
l'autre n'a que le pouvoir que vous lui donnez.

Et répondez avec le plus d'honnêteté possible à ces questions :

- Qu'est-ce que ces personnes vous font ressentir ? Listez vos émotions.

....

....

- Pourquoi font-elles encore partie de votre vie ?

....

....

- Comment serait votre vie si ces personnes en sortaient ?

....

....

- Qu'est-ce que cette personne vous apporte encore ? Ou vous empêche de vivre ?

....

....

- Quel serait l'acte ou l'attitude de trop qui vous ferait couper le lien toxique qui vous lie à cette personne ?

....

....

- Pourquoi attendre que l'inacceptable se produise ?

....

....

- De quoi avez-vous peur ?

....

....

- Qu'est-ce que cette personne vous apporte que vous ne pouvez vous offrir vous-même ?

....

....

Maintenant, identifiez les personnes dont la présence vous apaise, vous rassure, vous met en joie, vous galvanise en vous confectionnant *mentalement* la bande démo qui les rassemble.

Pour quelle raison ?

Ce que vous admirez chez l'autre
sommeille aussi en vous.

Choisissez les acteurs de votre vie selon les critères qui vous sont chers :

- Amour.
- Bonheur.
- Joie.
- Partage.
- Soutien.
- Encouragements.
- Sincérité, honnêteté, franchise, entièreté...

Complétez la liste de vos incontournables et... jouez !

....

....

....

....

....

OMBRE OU LUMIÈRE ?

Dans l'ombre…

Vous laissez les autres entrer dans votre vie sans vous demander votre avis et vous les laissez écrire le scénario en vous donnant le rôle qui leur sied. L'histoire vire au noir quand vous voyez rouge et que vous ne dites rien, par peur d'être rejeté, remplacé, mal aimé, oublié. Follower plus que leader ! C'est qui, le boss ? C'est vous qui « castez » les personnages principaux de votre vie, et pas l'inverse !

Dans la lumière…

Vous acceptez qu'on ne peut s'entendre avec tout le monde, que des liens se font et d'autres se défont… c'est l'impermanence des choses. Vous nouez des liens étroits avec les personnalités qui collent à votre idéal de vie, parce que vous savez que vous avez le droit, le pouvoir et surtout le devoir de vous accorder le rôle principal de votre vie. Les autres, c'est vous qui les choisissez, par le cœur et non par la peur… parce qu'au fond ce que vous souhaitez, c'est être heureux !

CALL TO ACTION

Affirmez-vous avec bienveillance

Le casting idéal commence par vous. Choisissez-vous, et choisissez vos désirs et vos aspirations…

La prochaine fois que l'on vous demande de faire autre chose ou d'être quelqu'un qui ne vous ressemble pas vraiment : osez dire non avec respect, bienveillance et fermeté. Vous avez le droit de dire non aux autres pour vous dire oui à vous.

Refaites le casting de votre vie et ne sélectionnez que les acteurs qui participent à votre épanouissement et à votre bonheur. Le casting idéal, quoi !

RITUEL

Sollicitez la critique constructive ! Savoir bien s'entourer, c'est l'être de personnes sincères, authentiques, qui n'ont pas froid aux yeux quand il s'agit de vous dire vraiment ce qu'elles pensent… et notamment de vous. Réaliser ce rituel vous ouvrira les yeux sur vous et sur la nature de vos relations. Un ami ne vous dit pas ce que vous avez envie d'entendre, il vous dit ce qu'il pense, que vous le souhaitiez ou non, que cela vous fasse plaisir ou non. Il est *vrai*.

Demandez à un ami de jouer régulièrement « le jeu de la franchise » : proposez-lui de faire sa « bande démo mentale » de vous et de vous dire, chaque fois que vous le lui demandez :

- Comment il vous perçoit à l'instant T.
- Les émotions que votre présence lui procure.
- D'après ce qu'il connaît de vous, vous verrait-il ailleurs ? C'est-à-dire dans une autre vie, et si oui pourquoi... ?
- S'il vous sent plus en phase avec vos désirs que la dernière fois ?

Écoutez et écrivez ses dires et vos ressentis !

....

....

....

....

....

....

Sollicitez la critique,
elle est votre sœur d'évolution.

FILM INSPIRANT

***L'Agence*, de George Nolfi, avec Matt Damon et Emily Blunt.**

Synopsis : Sommes-nous maîtres de notre destin ou les marionnettes de forces invisibles ? Quand Davis Norris entrevoit le futur que le sort lui réserve, il comprend qu'il aspire à une tout autre vie. Que pour déjouer les plans de l'Agence en qui il avait toute confiance, il doit se détourner d'elle et retrouver la jeune femme dont il est tombé amoureux alors que cela n'était pas prévu... Une belle leçon : nous avons la liberté d'être, d'agir et d'aimer. De « tout » changer. De vie, de partenaires de vie...

BANDE ORIGINALE

***Believer*, Imagine Dragons.**

Why ? Les paroles me parlent fort : on se réveille tous un beau matin plus ou moins las de ne pas être qui on désire parce qu'on s'est laissé dicter sa façon d'être ou de faire... et survient l'envie de changer, la métamorphose (petite ou grande) et :

On naît à soi-même.

MORALE DE CE SCÉNAR ?

Quand la tête de quelqu'un ne vous revient pas : vous avez le choix, le droit de dire stop, non, et de faire passer des essais à de nouvelles gueules, de nouvelles personnalités qui vous font vibrer plus fort, plus haut, plus *vous*... !

Castez vos meilleurs alliés en dialoguant de cœur à cœur.

Je m'affirme et je me fais confiance en toutes circonstances.

ÉTAPE 2

Dans les coulisses

PRÉPAREZ-VOUS ET DONNEZ CORPS ET VISAGE À VOTRE HISTOIRE

Vous avez passé la première étape (imaginer le film de votre vie) avec succès. Vous avez défini la trame du scénario de votre nouvelle vie, mis les traits sur la personne que vous désirez être et écrit le scénario. Vous avez même projeté le film… dans votre tête. Vous arrivez à la deuxième étape :

- Passez de l'esprit à la matière, de la conception à la réalisation.
- Donnez-vous les moyens de (vous) réaliser.
- Donnez corps et visage à cet autre vous et à votre vie.
- Jouez sur la palette de vos couleurs et personnalités.

Dans les coulisses du tournage, certains travaillent dans l'ombre et restent méconnus du grand public. Pourtant, sans eux, le film n'existerait pas… Ainsi du régisseur et des virtuoses de l'apparence qui sommeillent en vous ! Le régisseur en appelle à toutes les ressources pour optimiser les conditions de réalisation, la sienne comme celle des autres. Les virtuoses de l'apparence métamorphosent toute personne qui désire exprimer son individualité…

5

RÉGISSEUR

ou l'art d'organiser votre vie en conscience et à votre manière

Inspiration

RÉGISSEUR AU CINÉMA

« Organiser, ce n'est pas mettre de l'ordre.
C'est donner de la vie. »
Jean-René Fourtou

Les derniers détails réglés, le tournage commence enfin et, dans les coulisses, d'autres acteurs entrent en scène pour que le scénario prenne enfin vie... jusqu'au moindre détail.

Le régisseur, c'est un peu la baby-sitter de l'équipe ! Il a les bonnes intentions d'un père et les délicates attentions d'une mère, il est sur tous les fronts pour n'en voir aucun se plisser ! C'est le garant du bon déroulement logistique du tournage.

SON RÔLE ?

Libérer l'esprit de toute l'équipe des soucis logistiques en pensant à la place de tous et en œuvrant pour chacun.

SON QUOTIDIEN ?

Premier arrivé, dernier parti. Absent des plateaux, omniprésent dans les coulisses, le régisseur est passé maître en art de l'anticipation. Quoi de plus normal quand on est responsable de l'organisation matérielle d'une production ?

Repérages, négociations, autorisations, réservations, planification sont son lot quotidien ! Hôtel, restaurant ou restauration (la fameuse cantine de la prod, c'est lui !), parkings, décors et lieux publics, feuilles de présence, emplacement des loges... Il décroche la lune de chacun pour voir briller des étoiles dans les yeux de tous.

SA COMPÉTENCE CLEF ?

Chef d'orchestre, le régisseur est un planificateur dans l'âme.

SA QUALITÉ SINGULIÈRE ?

Son sens de l'organisation hors pair.

SON VERBE FÉTICHE ?

Anticiper.

SON OBJECTIF ?

Se donner les moyens pour que tout se déroule comme dans son scénario : à la perfection !

Action !

RÉGISSEUR DANS LA VIE

« Je t'aime parce que tout l'Univers
a conspiré à me faire arriver jusqu'à toi. »
Paolo Coelho

Vous, régisseur de votre vie ? Vous vous priorisez, vous organisez votre petit monde pour qu'il tourne plus rond et pour que vous ne perdiez plus le fil de vos rêves. Vous vous faites une place royale dans votre agenda en vous réservant des moments comme on les aime : rien que pour soi.

VOTRE RÔLE SI VOUS L'ACCEPTEZ

Faire de vous et de la réalisation de vos rêves votre priorité.

VOTRE TALENT

Déployer votre sens de l'organisation et agir en toute connaissance des lois de l'univers.

VOTRE ACCESSOIRE

Vous troquez la bande démo pour... un agenda ! En bon régisseur, vous orchestrez, planifiez votre vie et rien de tel qu'un agenda pour avoir une vision globale de votre journée, de votre semaine, du mois... ou de l'année. Savoir ce qui vous attend vous prépare et vous encourage à vous organiser pour réussir à atteindre votre objectif... quotidien, hebdomadaire, mensuel ou annuel.

SILENCE

Fermez les yeux. Visualisez-vous assis dans un magnifique endroit où vous vous sentez bien, serein, et demandez-vous : si vous aviez trois jours pour réaliser trois de vos vœux les plus fous… que feriez-vous pour les atteindre ?

Un vœu, un jour. Trois vœux, trois jours.

MOTEUR

Quels sont les trois vœux qui vous sont venus ?

Faites-vous mentalement votre *bucket list* : parfois connue comme « la liste de vos envies », c'est la liste des rêves que vous désirez réaliser… dans cette vie.

Commencez par celui qui vous tient le plus à cœur. Puis deux autres. Plus si cela vous inspire.

ÇA TOURNE

Aujourd'hui, que ressentez-vous en constatant que vous n'avez pas réalisé ne serait-ce que l'un de vos trois vœux les plus chers ?

Pour chacun, notez :

- Vos émotions : « Lorsque je comprends que je n'ai pas encore… *[réalisé mon premier film]* je ressens… *[frustration, tristesse…]* » À vous !
- La raison qui vous a empêché de le réaliser jusqu'à aujourd'hui.
- Les étapes pour l'atteindre : 1. Suivre une formation… 2. Rencontrer et interroger les personnes qui ont déjà réalisé votre rêve… 3. Vous renseigner sur le pays, coutumes, démarches, si vous avez le projet de vivre aux États-Unis ou ailleurs. 4. Vous lancer… À vous de voir celles qui vous semblent pertinentes.
- Le temps nécessaire pour réaliser chacune de ces étapes.
- La première action que vous êtes prêt à accomplir pour engager le processus de réalisation.
- Ce que vous êtes prêt à donner de vous pour voir ces rêves se réaliser : du temps, des efforts, du travail, des sacrifices ?

ACTION !

La séquence du régisseur est pratique. Elle a pour but de vous faire découvrir et mobiliser vos ressources intérieures et extérieures pour atteindre votre objectif.

❶ HACKEZ VOTRE OU VOS CERVEAUX POUR VOUS ORGANISER À VOTRE MANIÈRE !

Pour certains, planifier, orchestrer et réaliser les missions ou objectifs prévus semble naturel et d'une facilité déconcertante, tandis que pour d'autres, la moindre prévision paralyse, fait fuir ou procrastiner. Plus qu'une tendance héréditaire ou un trait de caractère, ce serait aussi dû à notre cerveau ! Plus de prise de tête : si vous savez lequel des deux cerveaux prédomine et vous fait voir le monde à travers l'objectif de sa caméra, vous pourrez vous organiser à votre manière et vous féliciter de réussir ce que jusqu'à aujourd'hui vous ne parveniez pas à réaliser.

Êtes-vous plus cerveau gauche ou plus cerveau droit ? Le savoir vous permet d'identifier à travers quel prisme et quel angle vous voyez le monde : rationnel ou émotionnel, les faits ou les sentiments, un reportage ou une comédie romantique...

Comme tout est complémentaire, les cerveaux ne font pas exception à la règle. Si l'un se fait plus présent, les deux concourent à votre juste équilibre : votre liberté d'être, d'agir et de penser.

Nano cartographie des fonctions des deux cerveaux (simplifiée et non exhaustive)

Cerveau gauche	*Cerveau droit*
Planification	Impulsivité
Raison	Émotions
Logique	Sens artistique et créativité
Précision	Intuition
Sens des réalités	Spiritualité

Logique et analytique sont l'apanage du cerveau gauche

Planification : les actions sont appréhendées logiquement et ordonnées.

Raison : les décisions sont prises de manière rationnelle sans interférences émotionnelles.

Logique : une aptitude naturelle pour les compétences scientifiques et les notions séquentielles.

Précision : les solutions sont trouvées à la suite d'une recherche et de guidances précises.

Sens des réalités : un grand attrait pour les documentaires et les histoires réelles.

Créatif et intuitif, les atouts du cerveau droit

Impulsivité : les choix sont spontanés.

Émotions : les actions sont guidées par les sentiments et sensations.

Sens artistique et créativité : compétences innées pour le sport, l'écriture créative, la fiction, la musique, le dessin, l'art en général...

Intuition : les problèmes sont résolus au feeling.

Spiritualité : passion et intérêt particulier pour les mystères, la fiction et les évènements inexpliqués.

Connaître le cerveau qui prédomine chez vous vous amène à prendre conscience de ce que vous êtes, ce que vous faites, et pensez. Vous pouvez ainsi agir en connaissance de cause. Ainsi, vous pourrez vous organiser et créer avec plus de souplesse pour les uns et plus de rigueur pour les autres !

À vous de jouer !

Maintenant vous savez quel cerveau a le lead, chez vous !

- Si vous êtes à **dominante cerveau gauche**, il vous semble facile de vous organiser, de planifier à court, moyen ou long terme, de penser « solution », parce que vous avez le sens des réalités.
- Si vous êtes à **dominante cerveau droit**, il vous est naturel de faire les choses de manière intuitive, au feeling, sur un coup de tête ou un coup de cœur. Mais cet engagement vous enferme là où demain vous n'aurez peut-être plus envie d'être.

Aussi n'y a-t-il pas une seule manière d'être régisseur de sa vie, il y en a autant que de personnes et au moins deux :

- Pour les premiers – cerveau gauche – laissez des plages disponibles dans votre agenda pour faire place à l'imprévu chaque semaine. Qu'est-ce qui vous dérange dans l'imprévu ?
- Pour les seconds – cerveau droit – prévoyez sur une semaine et, lorsque vous n'êtes pas sûr de tenir votre engagement (vous vous connaissez, maintenant), dites : « Prenons une option et confirmons la veille. » Observez ensuite les rendez-vous que vous aurez reportés : avec qui ? De quelle nature sont-ils : professionnels, personnels, sentimentaux, amicaux ? Qu'est-ce qui vous effraye dans l'organisation réglée comme du papier à musique ?

❷ TIREZ PARTI DE TOUT CE QUE VOUS ÊTES

Un régisseur connaît les forces, faiblesses, menaces et opportunités de chaque situation, ou tout du moins son expérience les lui fait deviner ou anticiper.

Dans votre agenda, repérez les imprévus qui vous ont déstabilisé, le rendez-vous que vous avez annulé… et cherchez la cause, la raison. Notez tout ce qui vous vient.

....

....

Plus l'enjeu est fort, plus vous aurez tendance à procrastiner, reporter, annuler… par peur de ne pas être à la hauteur, de mal faire, de ne pas y arriver, de ne pas être aimé.

Conscient que vous avez tendance à vous mettre la pression, et connaissant vos tendances et aptitudes :

Comment pourriez-vous aujourd'hui
organiser la réalisation de l'un de vos rêves ?

En explorant tout ce que vous êtes :

Quelles sont vos forces ?

....

....

Quelles sont vos faiblesses ?

....

....

Par quelles forces pourriez-vous les remplacer ?

....

....

Quelles sont les menaces imaginées ou réelles qui vous freinent dans la réalisation de vos objectifs ? *(D'autres sont meilleurs que moi et je ne ferai pas le poids...)*

....

....

Par exemple :

Mes forces : déterminé, discipliné, endurant.

Mes faiblesses : manque de confiance en moi.

Pour les contrebalancer : je réalise l'action jusqu'à ce qu'elle me devienne naturelle.

Menaces imaginées : c'est trop tard. Au nom de quoi ?

Menaces réelles : vouloir être danseuse professionnelle à l'âge où les danseurs s'éclipsent de la scène pour prendre leur retraite.

Pour les surmonter : agir. L'action vous rapproche toujours de votre réalisation. Le regret vous en éloigne.

S'associer avec un proche peut aussi vous aider à réaliser votre rêve ou à atteindre votre objectif.

Pour définir vos partenaires et associations, amusez-vous à deviner lequel des deux cerveaux les pousse à agir et comment, en vous associant, vous pourriez atteindre votre objectif : la réalisation de vos trois rêves (de l'un au moins !).

Créatif ou cartésien, analytique ou intuitif :
qui êtes-vous vraiment ?
Découvrez-vous
et décuplez la puissance de votre cerveau.

❸ APPRENEZ LES SEPT LOIS DE L'UNIVERS ET DEVENEZ MAÎTRE DE VOTRE MONDE

Avez-vous parfois l'impression de lutter contre les vents de la vie plus que d'apprécier la caresse du soleil ? De vous battre pour avoir ou être ce que vous désirez ardemment ?

Si planifier pave le chemin vers votre réalisation, une vie bien réglée ne garantit pas que tout se déroule toujours selon vos plans. Parce qu'il y a le tangible, ce sur quoi vous pouvez agir, et l'intangible, ce sur quoi vous ne pouvez pas influer. Or, lorsque vous connaissez le fonctionnement des choses, vous comprenez l'art et la manière d'agir et décuplez ainsi vos chances d'atteindre vos objectifs.

La vie ne nous offre pas toujours ce qu'on désire, elle nous offre parfois des leçons, ce qui révèle notre être authentique. Il vous est sûrement arrivé de désirer une situation ou une relation qui s'est révélée moins idyllique que vous ne l'envisagiez, quand elle ne vous a pas fait perdre raison, foi, espoir, confiance, estime...

(Re)découvrez les lois de l'univers
et vous verrez en chaque situation
une marche qui vous élève vers votre réalisation.

Ainsi, vous organiserez la réalisation de votre rêve conscient. Tout ne dépend pas que de vous et vous vous sentirez délesté de la culpabilité, de la frustration inhérente à toute situation qui vous bloque.

Aujourd'hui, agissez-vous en connaissance et en accord avec les lois de l'univers ? Elles existent depuis la nuit des temps. Elles vous régissent, que vous le vouliez ou non. Si vous l'admettez, elles prendront corps dans votre réalité. Connues et de fait reconnues, elles changeront votre vision du monde et votre rapport à celui-ci.

Vous vivrez les situations comme autant d'expériences, et n'en retiendrez que le message constructif : celui qui chaque fois vous fait dire, « cette fois, c'est fini, on ne m'y reprendra pas ».

Quelles sont ces lois ?

Ces sept lois travaillent en synergie et sont complémentaires. Les connaître va changer votre manière de penser, d'être et d'agir…

1. La loi du mentalisme

Principe : Le tout est esprit, l'univers est mental.

Cela signifie que l'univers est une construction mentale. Chacun a sa propre réalité : elle est donc subjective ! Vous ne voyez pas le monde comme vos proches le voient. Il y a *votre* vérité, *leur* vérité et *la* vérité.

Chacun sa réalité.

Le monde extérieur est le reflet, la projection de votre monde intérieur (valeurs, croyances, éducation…). Ce n'est qu'en changeant votre monde intérieur que vous changerez votre perception du monde extérieur et de votre réalité.

2. La loi de la correspondance

Principe : Ce qui est en haut est comme ce qui est en bas et inversement.

Ce qui se joue à l'intérieur est lié à ce qui se joue à l'extérieur. Tout comme il n'existe aucune séparation entre les mondes physique, mental, émotionnel et spirituel.

C'est le fameux effet miroir : ce qui vous touche, vous émeut, vous énerve chez l'autre n'est que le reflet d'une partie de vous-même que vous aimez, rejetez ou voudriez atteindre…

Quand vous ressentirez une émotion forte lors d'un échange, demandez-vous pourquoi ? Qu'est-ce que cela vous révèle de vous… ?

Ce qui vous touche (vous agace, vous met en colère, vous attriste…) met en lumière ce que vous n'avez pas encore guéri, considéré, accepté, intégré… pour que vous en preniez conscience et que vous le libériez ainsi.

En modifiant vos pensées en pleine conscience, vous transcendez les expériences que vous vivez et vous transformez votre vie et votre réalité.

3. La loi de la vibration

Principe : Rien ne repose, tout bouge, tout vibre

Tout n'est qu'énergie et vibre à des fréquences différentes. Pensées et émotions ne font pas exception et vibrent sur de hautes ou basses fréquences selon votre mood[1]. La plus haute étant l'amour inconditionnel, la plus basse étant régie par la peur. Cette loi de la vibration fait écho à la loi de l'attraction : tout ce que vous expérimentez à travers vos cinq sens est une transposition de ces vibrations. Vous attirez à vous ce à quoi vous vibrez. Vibrez au diapason de ce que vous désirez vivre !

4. La loi de la polarité

Principe (le plus long !) : Tout est double, toute chose possède des pôles ; tout a deux extrêmes ; semblable et dissemblable ont la même signification ; les pôles opposés ont une nature identique mais des degrés différents ; les extrêmes se touchent ; toutes les vérités ne sont que des demi-vérités ; tous les paradoxes peuvent être conciliés...

... comme les deux faces d'une médaille, différentes et complémentaires.

Dans toute chose, il existe donc une polarité. Deux choses en apparence opposées sont en réalité identiques à des degrés différents, comme les deux extrêmes d'une seule et même chose. L'un n'existe pas sans l'autre : le chaud n'a du sens que par rapport au froid, le jour n'est rien sans la nuit, le ying sans le yang, l'énergie sans la matière.

Jouez sur la polarité de vos états. Transformez les émotions dites « négatives » (désagréables) ou d'énergie basse en émotions « positives » (agréables), d'énergie haute : la haine en amour, la tristesse en joie...

Ce principe n'existe que dans le monde des pensées et de la matière. Dans le monde spirituel, tout ne fait qu'un.

1. *Mood* : « humeur » !

Comme je tire la morale de chaque scénar, ici, ne gardez que le positif en tout et vous pourrez passer d'un pôle à l'autre en un claquement de doigts en changeant de fréquence vibratoire.

5. La loi du rythme

Principe : Tout est cyclique. Tout naît, vit, et s'éteint.

Rien n'est immuable, tout n'est qu'impermanence.

Rien est immobile,
tout n'est que mouvement perpétuel.

Vous êtes d'une nature en constante évolution. Tout a un rythme : un début, un milieu, une fin. La fin d'un cycle marque le début d'un autre. Ce n'est pas un échec, c'est dans l'ordre naturel des choses. Acceptation, lâcher-prise et résilience sont vos meilleurs atouts.

6. La Loi de cause à effet

Principe : Toute cause a son effet. Tout effet a sa cause.

En d'autres termes : « Tout arrive conformément à la loi... »

Fataliste ou pas... Pensées, paroles, actions se matérialisent d'une manière ou d'une autre. Le hasard n'existe pas... Paul Éluard le disait si bien :

« Il n'y a pas de hasard,
il n'y a que des rendez-vous. »

Au risque de vous surprendre : vous créez ce que vous vivez. Vos pensées, vos actes créent votre réalité. Penser positif attire le positif, et inversement penser négatif attire le négatif. Chaque fois qu'une pensée vous mine, demandez-vous : « Est-ce que cette pensée m'est utile pour atteindre mon objectif ? »

Si oui, passez à l'action qui en découle.

Si non, changez votre pensée pour une qui vous rapproche de la réalisation de votre mission, désir... et agissez.

Prenez garde à vos actes autant qu'à vos pensées. Si la loi de l'attraction repose sur les pensées et les ressentis, la loi de cause à effet repose aussi sur vos actions !

Soyez en mouvement. Le mouvement est différent de l'action : le mouvement conduit au perfectionnement l'action engendre un changement.

Si vous voulez être sportif, regarder des sportifs réaliser leur entraînement (mouvement) ne fera pas de vous un athlète, en revanche marcher, courir, faire du fitness, danser (action) vous transformera en ce sportif que vous désirez être.

Pensez pour agir.

Prenez garde aux mots que vous prononcez, aux pensées qui vous traversent, aux actes que vous posez, vous risquez d'être surpris de la puissance de votre mental… et donc de votre puissance. Une pensée, un acte peut tout changer pour le meilleur !

Vous êtes scénariste, acteur, réalisateur, producteur de votre vie ! Provoquez votre chance !

7. La loi du genre

Principe : Le genre est dans tout, tout a ses principes masculins et féminins.

Homme comme femme, chaque être humain est animé d'énergie dite « féminine » et d'énergie dite « masculine ». Le masculin donne et le féminin reçoit et crée. Toute création naît de la fusion du féminin et du masculin.

Vivre en harmonie avec ces sept lois universelles conduit naturellement à expérimenter la loi de l'attraction qui les contient toutes.

Aligné avec les lois de l'univers, vous vous réalignez cœur, corps, âme et esprit…

« Ne cherche pas le bonheur dans ce que tu as,
trouve-le plutôt dans ce que tu es. »
Chon

❹ FINISSEZ CE QUE VOUS COMMENCEZ

Définissez une activité, un objectif, une mission que vous désirez réaliser aujourd'hui, et faites-le, du début à la fin ! Vous tentez de

commencer, une autre tâche vous distrait, et vous ne terminez pas celle en cours ? Concentrez-vous sur une seule activité : la finir vous donnera la force mentale, la confiance et la motivation d'accomplir tout ce que vous entreprendrez.
Comment rester concentré sur un seul objectif jusqu'à sa complète réalisation ?

Demandez-vous : si vous ne deviez réaliser qu'une mission aujourd'hui pour vous sentir comblé, quelle serait-elle ? Notez dans votre agenda : « *The mission number one* », celle qui vous fera vous sentir bien quoi qu'il advienne le reste de la journée.

Souvent l'ampleur de la mission freine, ou tétanise, décidez de lui accorder un temps précis : 25 minutes, c'est idéal. Mettez un timer, et action !

C'est la méthode de gestion du temps *Pomodoro*, créée par Francesco Cirillo. Le nom fait référence au minuteur de cuisine en forme de tomate qu'utilisait Cirillo pour délimiter ses plages de travail (25 min) et de pause (5 min). Plus l'objectif est grand, plus nous avons tendance à la procrastination. En revanche, le décomposer en étapes à la durée déterminée donne élan, confiance et résultat !

Votre activité : *mission number one.*

Durée : ....

Début : ....

Fin : ....

Manière de célébrer la réalisation de cette tâche, reportez ensuite dans votre agenda : *accomplie !*

Accordez-vous une récompense pour célébrer cette victoire. Un appel à un ami, un bon thé, une marche, un livre.

Que ressentez-vous après avoir accompli cette première mission ?

Puisez dans vos petits succès quotidiens
la force de réaliser les grands de demain.

❺ « FAIRE » POUR « AVOIR » ET « ÊTRE » CE VOUS QUI RÉALISE SES RÊVES

Reprenez votre *bucket list* et, pour le tout premier vœu, suivez pas à pas les étapes suivantes :

1. Définissez qui vous voulez être pour le réaliser

Souvent, vous vous dites « je veux faire du sport ». Ce qui compte, c'est de savoir « qui » vous voulez être et de vous rapprocher d'une personne qui s'apparente à celle que vous aspirez à devenir ou qui vit cette expérience que vous envisagez.

Pourquoi ? Parce qu'en la côtoyant, en échangeant avec elle, vous saurez comment elle a fait pour en arriver là et vous pourrez définir les actions qui vous permettront de devenir cette nouvelle version de vous.

2. Posez un objectif SMART : Spécifique, Mesurable, Atteignable, Réaliste, Temporel

Cet acronyme souligne l'importance des objectifs et la difficulté potentielle de les fixer. Que signifient ces 5 critères ?

- **Spécifique :** votre objectif doit être précis, concret, personnalisé et formulé de la manière la plus claire pour être compris de tous.
- **Mesurable :** vous êtes capable de suivre et d'estimer la progression vers votre objectif. Vous saurez ainsi quels sont les efforts à déployer pour l'atteindre, et ensuite si vous l'avez atteint ou dépassé !
- **Atteignable :** votre objectif doit prendre en compte les ressources disponibles (temps, liberté, compétences actuelles…). Pour l'atteindre, il doit être attractif, d'où l'importance de fixer des étapes pour y aller progressivement et éviter tout découragement.
- **Réaliste :** votre objectif doit avoir du sens dans le contexte défini. Il s'agit d'en évaluer la pertinence. Est-ce le bon moment pour le réaliser ?
- **Temporel :** votre objectif est défini dans le temps avec une date de début et une de fin. (Dé)limiter son objectif permet de se mettre en mouvement pour l'atteindre.

Par exemple, si vous désirez faire plus de sport, un objectif SMART pourrait être :

- **Spécifique :** « Je vais faire plus de sport. » C'est clair et précis. Si vous savez précisément à quelle activité vous allez vous adonner, vous pouvez la mentionner : je vais faire plus de fitness, danse, footing, basket...

- **Mesurable :** « Je vais faire chaque semaine deux séances de trente minutes de renforcement musculaire. » Avec ces critères précis, vous pourrez vérifier que vous êtes sur la voie de réalisation de votre objectif.
- **Atteignable :** « Je vais progressivement faire plus de sport. »
- **Réaliste :** « Je vais faire une séance de sport par semaine et elle durera trente minutes. »
- **Temporel :** « Je vais faire une séance de sport de trente minutes par semaine pendant les trois prochains mois et je ferai ensuite deux séances. »

Pour enclencher le changement, quelle est la première action que vous posez ? C'est la répétition de cette action sur une durée déterminée qui va vous changer.

Par exemple, j'ai écrit tous les jours et j'en ai fait ma priorité. Écrire une fois ne suffit pas, c'est écrire quotidiennement qui enclenche le changement : autodiscipline, rigueur, investissement (de soi, de son temps), surpassement, sacrifice, aussi, car ce temps dédié à l'écriture se fait au détriment d'un moment avec des proches, d'une séance de cinéma...

3. Concentrez toute votre attention sur la réalisation de cet objectif.

Tous les jours, pensez à votre objectif et accordez-lui temps, attention et action.

Vous voulez être plus sportif : pensez, mangez, agissez comme un sportif chaque jour, même quelques minutes : commencer est le premier pas, le perfectionnement vient avec le temps de pratique.

Là où se porte votre concentration se dirige votre énergie.
Vous devenez ce à quoi vous pensez le plus.

4. Ciblez la réalisation de votre premier vœu et établissez les étapes clefs du plan d'action.

Si vous désirez être plus sportif, définissez par exemple :

- le sport que vous désirez faire,
- le nombre de séances par semaine (une au début, vous y tenir vous encouragera à poursuivre),

- le jour, le lieu et l'heure,
- et notez dans votre agenda chaque semaine : « Samedi matin de 11 heures à 11 h 30 : renforcement haut ou bas ou full body. »

Lorsque vous avez fait votre séance :

- mentionnez-le dans votre agenda : « J'ai atteint le résultat désiré. » Surlignez-le, cochez-le…
- notez les émotions que vous ressentez juste avant, et juste après.

Si vous n'atteignez que partiellement votre objectif : félicitez-vous d'être allé jusque-là et demandez-vous : « comment puis-je m'améliorer ? »

Si vous avez pleinement réalisé l'objectif fixé, félicitez-vous et souriez-vous !

Célébrez votre victoire : écoutez une musique que vous aimez, marchez, dansez, concoctez-vous un bon dîner seul, avec votre amoureux ou des amis… Faites ce qui vous rend heureux ! Et, dans votre agenda, indiquez, à côté de l'objectif réalisé, la récompense, la célébration offerte.

Et répétez ces actions qui vous ont conduit à être la personne que vous désiriez être aujourd'hui, qui a décroché son étoile et réalisé son rêve.

Le moteur est votre joie dans l'accomplissement de votre objectif : votre subconscient mémorise le résultat, sa célébration et vous encourage ainsi à repasser à l'action !

La répétition et l'autodiscipline
pavent la voie de votre réalisation.

OMBRE OU LUMIÈRE ?

Dans l'ombre…

Vous vous noyez dans un verre d'eau en ne voyant que la quantité des tâches à accomplir avant de décrocher le sésame. Découragé, frustré, vous envisagez de baisser les bras et vous vous détournez de vos rêves.

En revanche, vous remuez ciel et terre pour réaliser ceux des autres…

Dans la lumière…

Dévoué à la réalisation de votre rêve, vous vous donnez les moyens et dénichez les ressources. Investi, votre rêve sous vos yeux se bâtit pas à pas.

CALL TO ACTION

Chaque week-end, reprenez votre agenda : passez en revue votre semaine et observez l'évolution de votre changement ! Partez des objectifs que vous vous étiez fixés et observez comment vous les avez atteints.

Tournez ensuite la page et fixez votre objectif *number one* de la semaine suivante… et si vous vous sentez prêt, celui de chaque jour. Vous pouvez aussi le définir la veille pour le lendemain.

RITUEL

« Un kif par jour »

Comme le recommande aussi Florence Servan-Schreiber dans son livre *Trois kifs par jour*, notez dans votre agenda un kif, une réjouissance rien qu'à vous et rien que pour vous. Autorisez-vous à vous faire plaisir. Si le plaisir n'est pas le bonheur, il y mène !

Les plaisirs se lovent partout
et en vous surtout.

FILM INSPIRANT

***À la recherche du bonheur*, de Gabriel Muccino, avec Will Smith, Thandiwe Newton, Jaden Smith.**

Synopsis : Quitté par sa femme, un représentant aux revenus modestes, Chris Gardner, se retrouve à élever seul Christopher, son fils de cinq ans. Il se démène alors pour s'en sortir à tout prix et lui offrir une belle vie… découvrant que le bonheur n'est pas là où il l'attend. Joli message : quand avoir un idéal encourage à donner le meilleur de soi pour l'atteindre, à s'accrocher à l'espoir même quand la vie donne dans le noir.

BANDE ORIGINALE

***Unstoppable*, Sia.**

Why ? Une fois votre rêve et les moyens pour l'atteindre identifiés, vous êtes « *unstoppable* » : inarrêtable !

MORALE DE CE SCÉNAR ?

« Si vous voulez ce que vous n'avez jamais eu, faites ce que vous n'avez jamais fait », dit Justine Gallice[1] ! Penser, c'est bien. Agir, c'est mieux. Ce n'est que séquence après séquence que le film prend vie !

Donnez de vous maintenant,
demain, c'est déjà trop loin.

Je m'organise toujours pour atteindre mes objectifs.

1. Justine Gallice : une fitness girl d'Instagram aux énergies positives ! J'adore !

6

LES VIRTUOSES DE L'APPARENCE

(MAQUILLEURS, COIFFEURS, COSTUMIERS...)

ou l'art de vous métamorphoser et de souligner votre « individualité »

Inspiration

LES VIRTUOSES DE L'APPARENCE AU CINÉMA

« Il y a des comédiens dont la transformation se fait uniquement par le costume »
Louis Jouvet

Indispensables, incontournables, sans eux, rien, ni aucun ne serait. Depuis les coulisses, ils agissent… Je parle de ces mains de fées et de ces esprits visionnaires qui créent pour parfaire le personnage à l'image du scénario. Coiffeurs, maquilleurs, costumiers… jouent un rôle capital dans la métamorphose de l'acteur en ces autres qu'il incarne.

L'art de souligner la personnalité

Ces génies manient étoffes et couleurs, pinceaux et ciseaux comme peu et excellent dans l'art de souligner la beauté pour la sublimer ou la transfigurer. Morphologie, physionomie et psychologie n'ont aucun secret pour ces accros du détail. Grimer, pasticher, métamorphoser, le réalisateur n'a qu'à leur demander… il sera exaucé.

LEUR RÔLE ?

Ces virtuoses de l'apparence dédient leur génie à la transformation d'un acteur en ce personnage imaginé par le réalisateur pour le rendre crédible aux yeux des spectateurs. Plus vrai que nature !

LEUR QUOTIDIEN ?

Si dans la vie, l'habit ne fait pas le moine, au cinéma, si ! Costumiers, coiffeurs, maquilleurs, perruquiers... créent, conçoivent tout pour donner vie aux personnages du film et leur donner l'air d'être vrais ! Pour souligner, accentuer, corriger, rajeunir ou vieillir les traits des acteurs ou leur en confectionner d'autres, ils ne comptent pas leurs heures.

Observer, étudier pour confectionner, parfaire un personnage sur mesure. Un regard, un teint, une coupe, une coiffure, une étoffe, une couleur, un âge, une classe sociale... tout doit transparaître dans leur création, portée par l'acteur. Ils travaillent main dans la main car le talent de l'un met en lumière celui de l'autre.

LEURS COMPÉTENCES CLEFS ?

Ils ont un sens des formes, des volumes, de l'espace, des étoffes, des matières, des couleurs aiguisé ; un goût pour l'esthétisme quasi inné.

LEUR QUALITÉ SINGULIÈRE ?

Ces artistes ont en commun un regard bienveillant.

LEUR VERBE FÉTICHE ?

Sublimer.

LEUR OBJECTIF ?

Faire concorder l'être et le paraître, révélant ainsi la nature profonde d'un personnage.

Action !

« VIRTUOSES DE L'APPARENCE » DANS LA VIE

« Être ou paraître » telle est la question oui ou justement peut-être que non...

Vous, virtuose de l'apparence

On a tous une image d'Épinal de la personne que nous aimerions être. Vouloir être autre est naturel. Vouloir être l'autre est sacrificiel. Illusoire parce qu'impossible. Nous sommes tous uniques. Vous, virtuose de... votre métamorphose ? Misez sur votre capital bien-être, réapprivoisez votre image, votre corps, pour faire corps avec vous pleinement. Il s'agit, vous l'avez compris de *paraître* pour *être*. Juste de recourir aux accessoires qui pour vous symbolisent la personne que vous désirez être.

VOTRE RÔLE SI VOUS L'ACCEPTEZ

Prendre l'apparence de celle ou de celui que vous désirez être pour vous imprégner de l'énergie, des valeurs de cette future version de vous.

VOTRE TALENT

Trouver l'image alignée avec votre personne, qui vous êtes vraiment. Accessoires, couleurs, symboles et valeurs vous redonnent votre pouvoir !

VOTRE ACCESSOIRE

Vous troquez l'agenda pour toute la panoplie des virtuoses de l'apparence : maquillage, vêtements... Ici, l'accessoire se conjugue au pluriel.

SILENCE

Fermez les yeux. Ramenez sur l'écran de vos pensées la personne que vous désirez être, comme déjà fait jusqu'à présent. Scannez-la de la tête aux pieds à l'instar de la scripte qui répertorie chaque détail pour les restituer à la perfection.

Portez attention à ce qui vous semble « accessoire », vous risquez d'être surpris sur ce que cela vous révèle : une couleur inhabituelle, une étoffe différente, une autre manière de vous coiffer...

MOTEUR

Décrivez :

- Quelle est votre apparence physique ? Mince, sculpté, musclé, élancé, aux formes généreuses et enveloppantes ?
- Comment sont vos cheveux : courts, aux épaules, à la taille ? De quelle couleur sont-ils ?
- Comment êtes-vous maquillée ? Nude ? Accent mis sur les yeux, le teint, la bouche ? Décrivez.
- Que portez-vous ? Quelle est la matière, la couleur de vos vêtements ?
- Quels accessoires parfont votre tenue ? Lunettes, chapeau, bijoux, barrettes... ?
- Quel type de chaussures portez-vous ? Escarpins, sandales, mocassins, baskets ?

Jouez la scripte, répertoriez un à un les détails
et décrivez tout ce que vous voyez de vous !
L'accessoire est essentiel !

ÇA TOURNE

Que ressentez-vous lorsque vous vous décrivez tel que vous aimeriez être ?

Décrivez en disant : « Lorsque je me vois... (qualifiez comment vous vous voyez), je ressens (nommez les émotions que vous ressentez). »

Les vêtements de cette nouvelle version de vous-même sont-ils ceux que vous portez d'habitude ?

S'ils diffèrent :

- **En quoi ?** Genre (jupe, pantalon, robe...), style (moderne, classique, bobo, hippie...), couleurs, tissus, accessoires, autre ?
- **Pourquoi ?** Vous n'osez pas ? Ce n'est pas votre style ? Trop voyant ? Trop discret ? Trop ou pas assez quoi ? Décrivez !

Qu'est-ce qui pour vous symbolise la personne que vous désirez être ? Quels objets, vêtements, accessoires l'incarnent ?

Listez-les !

ACTION !

La séquence des virtuoses de l'apparence relève du jeu de rôle et de l'image de soi : jouer à paraître pour être.

❶ QUAND L'ACCESSOIRE PARLE DE VOUS

Au cinéma comme au théâtre, chaque accessoire a une fonction :

- Il charme l'œil du spectateur par sa valeur esthétique.
- Il incarne ou reflète une époque.
- Il participe à l'action ou l'influence.
- Et il a une fonction symbolique qui révèle la psychologie des personnages.

Dans la vie, l'accessoire dit de vous ce que vous n'imaginez pas… venant de lui ! Une bague portée au pouce de la main gauche ou droite, par exemple, décrit un trait de votre caractère[1] (liberté, indépendance d'esprit…). Au cinéma, les accessoires (costumes, maquillages, coiffures, décors…) représentent une réalité fictive qui paraît bien réelle. Pourquoi en serait-il autrement dans la vie de tous les jours ?

Les accessoires ont une valeur :

- Fonctionnelle : ils informent et représentent « une » réalité.
- Décorative : purement esthétique.
- Émotionnelle : ils expriment parfois ce qu'un acteur à l'écran ne dit pas ! Il parle pour lui !
- Identitaire, qui se couple à sa fonction d'identification : il révèle l'appartenance à un milieu social, un métier, une vocation…

Pour vous imprégner de l'énergie, des valeurs de la personne que vous désirez être, recourez aux accessoires. Listez ceux qui pour vous symbolisent la joie, le bonheur, la réussite, le bien-être. « Tout » (valeurs, principes, qualités physiques, intellectuelles, émotionnelles…) ce que cette nouvelle version de vous est à vos yeux.

Vous vous souvenez sûrement de la passion de Carrie Bradshow pour les escarpins dans *Sex and the City* ? Du Cœur de l'océan de

1. Cette signaification prêtée au port de la bague au pouce remonte au mouvement féministe du 19e siècle qui a lancé cette mode pour adopter un code plus masculin.

Rose Dawson dans *Titanic* ? Du sabre laser de Luke Skywalker dans *Star Wars*...

Et si vous ne deviez ne garder qu'un seul accessoire symbolique de la personne que vous désirez être, lequel choisiriez-vous ?

L'accessoire est un prolongement de vous-même.
Mettez l'accessoire au service de votre désir !

❷ SHOOTING PHOTO : IMMORTALISEZ L'IMAGE DE CE FUTUR « VOUS »

Maintenant que vous avez identifié « votre » accessoire symbolique, vous allez jouer les stars et poser avec !

- Faites du shopping pour dénicher « l'accessoire » et si vous le désirez offrez-vous les essentiels pour l'accompagner, qui vous feront vous sentir cet autre !
- Confiez cheveux et visage aux pros, faites-vous chouchouter, ou prenez soin de vous coiffer seul à votre goût !
- Organisez un shooting photo avec un photographe professionnel ou votre meilleur ami : une personne avec laquelle vous avez le feeling ou en qui vous vous sentez en confiance.
- Devant l'objectif : jouez à être la personne que vous aspirez à être. Amusez-vous !
- Si la caméra est une amie et que vous n'avez pas peur d'elle : filmez le shooting pour saisir la métamorphose !
- Une fois la séance terminée, notez :

– Que ressentez-vous en regardant les clichés de la séance ?

....

....

– Êtes-vous prêt à porter cet accessoire dans la vie de tous les jours pour prolonger le sentiment de bien-être qu'il vous a procuré le temps d'une séance photo ?

....

....

❸ UTILISEZ LE POUVOIR DES COULEURS

Funambule, vous avancez en équilibre sur un fil, oscillant entre peur et amour, basculant dans l'ombre de vos doutes ou dans la lumière de vos espérances ? Comme l'étalonneur, travaillez l'équilibre de votre lumière.

Jouez la carte de la nuance et tapez dans la palette des couleurs. Elles ont le pouvoir de faire vibrer la corde de vos humeurs. Une robe, un pantalon, une étole, un cardigan... devenez styliste de votre bien-être et taillez un costume au mal-être !

Des couleurs contre le blues et les bleus au cœur

Laissez l'automate au placard et faites appel à votre pleine conscience pour écouter votre intuition !

Inspirez et expirez.

Dans quel *mood* êtes-vous ce matin ? Plutôt tragédie ou comédie ? Sous quel angle voyez-vous les choses ? Changez la prise de vue et de son si le drame force les larmes !

Choisissez la couleur qui vous fera vibrer sur la note la plus haute.

Misez sur les couleurs

Ne sous-estimez pas le pouvoir des couleurs et leurs vertus. La chromothérapie les utilise parce qu'elles ont le pouvoir de modifier l'humeur et de guérir les maux ! Les regarder, les porter, c'est vibrer sur leur fréquence. Chacune possède une onde spécifique capable de changer vos états d'âme.

Rouge, orange et jaune

Vives et chaudes, ces couleurs reboostent l'énergie et détrônent déprime, stress et tristesse. Vous vous sentirez habité par une énergie herculéenne. Action !

Vert, bleu et violet

Apaisantes, ces teintes distillent un sentiment de tranquillité. Enveloppez-vous dans une étole ou un pull au bleu ou violet protecteur et laissez-vous porter entre sagesse et onirisme.

Blanc et beige

Gage de sérénité et de plénitude, il dissipe le trouble et incite à se concentrer. C'est une véritable invitation à l'intériorité. Tout de blanc ou de beige vêtu, vous vous rassemblez, et vous vibrez à votre verticalité et à votre unicité, aligné, cœur, corps, âme, esprit. En phase et en paix avec vous.

Rose

Sécurisant, symbole de tendresse et de féminité, les plus pâles et les plus clairs exhalent innocence, générosité et confiance, les plus foncés comme le fuchsia vous font littéralement voir la vie en rose !

Avez-vous une couleur préférée ?

Savez-vous pourquoi celle-ci et pas une autre ?

Comment vous sentez-vous quand vous portez cette couleur ? Exprimez vos émotions.

À quoi votre couleur préférée vous fait-elle penser ?

Si vous deviez la décrire, que diriez-vous d'elle ?

Quel sentiment vous procure-t-elle ? Sécurité, sérénité, confiance, énergie... ?

Quelles couleurs ne vous attirent pas ? Pourquoi ? Avec quoi riment-elles, pour vous inspirer ce rejet ?

Décrivez.

Est-ce que vous les avez associées à une personne ou à une situation qui vous a déplu ?

Exprimez-vous.

Pendant sept jours : portez uniquement les couleurs qui vous mettent en joie. Étoffes noires : au placard !

Déployez l'éventail des couleurs
et explorez la palette de vos envies sans rougir !

❹ CULTIVEZ VOS VALEURS ET OSEZ AFFICHER LA VRAIE COULEUR DE VOTRE PERSONNALITÉ

Vous avez l'accessoire matériel (objet), il s'agit maintenant d'identifier vos valeurs qui, elles, sont loin d'être accessoires ! Ce sont de puissants leviers au service de votre réalisation. Parce que le changement commence à l'intérieur avant de se voir à l'extérieur. Seule la prise de conscience de ce qui vous anime vous révèle à vous-même.

L'art de faire de vos valeurs essentielles un accessoire moral de votre réalisation

Pour oser, il faut s'assumer. Pour s'assumer, il faut se connaître, et se connaître passe par la prise de conscience des valeurs sur lesquelles vous ne dérogeriez pour rien au monde… parce qu'elles font partie de vous. Les mettre en lumière est un pas vers l'audace d'être vous.

Quelles sont les valeurs qui vous animent, qui vous mettent en mouvement ? Ce sont celles sur lesquelles vous ne transigez pas, parce qu'elles vous offrent la liberté de vivre en accord avec vous-même.

Les connaissez-vous ? Découvrez ou redécouvrez-les. Inspirez-vous de la liste des dix valeurs « fondamentales et universelles » du psychologue Shalom Schwartz, dont découleraient toutes les autres. Certaines vont de pair, d'autres s'opposent. Pas de panique : les contraires nous composent, rappelez-vous !

Autonomie

Objectif ? Être libre de penser et d'agir.
Mots clefs : créativité, liberté, curiosité, indépendance.

Stimulation

Objectif ? Relever de nouveaux défis, être enthousiasme.
Mots clefs : vie audacieuse, passionnante et intrépide.

Hédonisme

Objectif ? Vivre de manière épicurienne.
Mots clefs : se faire plaisir, aimer et profiter de la vie… carpe diem !

Réussite

Objectif ? Atteindre le succès et la reconnaissance sociale.
Mots clefs : ambition, orientation vers le succès, compétence, influence.

Pouvoir

Objectif ? Avoir un statut social prestigieux, un pouvoir sur soi, les autres, quelque chose...
Mots clefs : autorité, richesse, leadership, dominance.

Sécurité

Objectif ? Se sentir en harmonie et en sécurité avec soi-même et les autres.
Mots clefs : propreté, sécurité de la famille, sécurité nationale, stabilité de l'ordre social, réciprocité des services rendus, bonne santé, sentiment d'appartenance.

Conformité

Objectif ? Modérer les actions, goûts, préférences pour ne pas déstabiliser les autres et ne pas transgresser les normes sociales.
Mots clefs : autodiscipline, obéissance, responsabilité, politesse.

Tradition

Objectif ? Respecter les coutumes et idées de sa culture d'appartenance.
Mots clefs : humilité, respect de la tradition, dévotion.

Bienveillance

Objectif ? Se soucier du bien-être de ses proches, le préserver et l'améliorer.
Mots clefs : loyauté, amitié vraie, amour, serviabilité, honnêteté, pardon.

Universalisme

Objectif ? Comprendre, estimer et protéger le bien-être de tous comme de la nature.
Mots clefs : Ouverture d'esprit, égalité, justice sociale, paix dans le monde, monde de beauté, proximité avec la nature, protection de l'environnement, sagesse, harmonie intérieure, vie spirituelle.

Choisissez cinq valeurs essentielles et identifiez la manière dont vous agissez en accord avec elles chaque jour. Les gardez-vous en vous ou agissez-vous pour les faire valoir, les faire respecter et être pleinement qui vous êtes vraiment ? C'est tout l'art de cet exercice : accorder vos dires et vos actes, vos valeurs et votre comportement. Comment montrer qui vous êtes ? !

Notez ainsi pour chacune de vos 5 valeurs essentielles :

Votre valeur : ....

Par quels actes vous la matérialisez dans votre vie de tous les jours : ....

Dernière situation où cette valeur a été sollicitée : avec qui, pourquoi, quand, comment, où ? ....

Étiez-vous en accord avec votre valeur ? Si oui, en quoi ? Si non, en quoi ? Et comment pouvez-vous agir pour l'être la prochaine fois ? ....

Et, chaque fois que la vie vous replace dans une situation qui fait appel à la même valeur, écrivez si vous agissez de manière différente de la fois précédente. Votre comportement s'alignera avec vos valeurs.

....

....

....

....

....

Vous valeurs sont inestimables... comme vous.

❺ VOUS DÉTACHER DU REGARD DES AUTRES, C'EST REPRENDRE VOTRE POUVOIR

Si le regard compte, le vôtre est essentiel, celui des autres accessoire (et parfois complémentaire). C'est un plus, et non plus une condition pour être.

Vous êtes blond, brun pour plaire à votre amour, votre mère ? Vous portez les cheveux courts pour ne pas déplaire à votre boss ? Si vous leur fermiez les yeux, si vous ouvriez les vôtres sur l'image que vous admirez en vous pour oser enfin l'incarner ? Comment ? Détachez-vous du regard des autres et distanciez-vous de leurs critiques. Observez, écoutez et faites-en à votre tête quant à votre apparence, votre look, votre physique : votre corps et votre image vous appartiennent.

Ce n'est pas ce qui vous arrive qui compte, c'est ce que vous en faites. Tout dépend de la manière dont vous « percevez » et « interprétez » les événements et les choses. Il en va de même dans les relations. Les autres n'ont que le pouvoir que vous leur accordez. Ils le perdent à l'instant même où vous le décidez ! En un claquement de doigts (de clap) !

Souvent, c'est la peur d'être jugé qui bride votre audace et vous empêche de prendre votre place. Jusqu'à quand ? À quel prix ? Et pour qui ?

Détachez-vous du regard des autres, seul le vôtre compte parce que :

Vous seul savez ce qui est juste pour vous !

Osez dès aujourd'hui !

Que n'avez-vous jamais porté par peur d'attirer les regards ? Listez les tenues et portez-les !

Première séquence : commencez chez vous ou dans un lieu qui vous rassure.

Deuxième séquence : osez porter ce que vous adorez, affrontez le regard des autres, même soutenez-le !

Troisième et suivantes : portez ce que vous aimez en toutes circonstances en vous assurant que le regard que vous posez sur vous est bienveillant, pétillant, et que vous vous sentez bien... à l'intérieur.

Que perdez-vous à le faire ? Rien.
Vous seul savez ce qui est juste pour vous.

Aujourd'hui vous vous sentez invisible ? Osez ! On vous verra, on vous critiquera ou on vous suivra, on vous imitera... Dans tous les cas, vous ne laisserez pas indifférent.

OMBRE OU LUMIÈRE ?

Dans l'ombre...

Vous ne faites pas de vagues, vous vous cachez, vous vous faites tout petit, pire : vous avez parfois le sentiment de passer inaperçu ou d'être invisible, à vos yeux comme à ceux des autres. Vous retombez dans vos travers sacrificiels et, en bon petit soldat, vous faites ce qu'on vous dit pour ne pas déplaire. Vous avez tendance à suivre les conseils des autres et à étouffer vos ressentis.

Dans la lumière...

Vous acceptez de vous montrer tel que vous vous aimez au risque de déplaire, parce que vous vous aimez enfin d'un amour inconditionnel et que vous connaissez votre valeur. Vous êtes bienveillant à votre égard et vous vous chouchoutez sans aucune culpabilité.

Vous êtes riche de « vous m'aime ».

CALL TO ACTION

Réapprivoisez votre image

Portez un regard autre... sur vous. Investissez celui que vous avez face à votre idole, mentor, modèle... en vous regardant. Vous êtes le sujet de votre attention.

Zoomez, faites une pause et prenez la pose : osez !

Jouez devant le miroir : regardez-vous nu. Vous avez bien lu ! Nu, en tenant d'Adam et Ève... on ne garde rien, on enlève tout !

Enveloppez-vous d'un regard bienveillant, aimant, comme le ferait votre amant ! Caressez votre silhouette du regard et fixez une à une les parties de votre corps : celles dont vous êtes si fier puis celles qui vous complexent. Pour elles, redoublez d'amour : elles font partie de vous, plus vous les aimerez, plus vous vous sentirez beau dans toute votre unicité.

Regardez votre corps et dites-lui : « Je t'aime, merci d'être mon précieux allié. »

Pour ceux qui sont prêts, demandez-lui pardon de l'avoir parfois malmené : « Mon corps, je te demande pardon pour toutes les fois où je t'ai rejeté, nié. Je t'aime et, à partir d'aujourd'hui, je vais prendre soin de toi. »

Serrez-vous dans vos bras. Fort.

Sentez la joie de vous sentir beau, aimé, d'irradier de tout votre être.

Choisissez une tenue que vous adorez, à la couleur de votre humeur, et fixez votre reflet dans le miroir. Chaque jour, renouvelez ce tête-à-tête avec votre reflet et souriez-lui, souriez-vous.

Ouvrez les yeux sur la beauté de votre nature :
Vous êtes beau sous toutes les coutures.

RITUEL

Chaque matin, avant de partir de chez vous : regardez-vous dans le miroir, faites-vous un clin d'œil pour vous faire rire et souriez… Soyez votre meilleur complice.

FILMS INSPIRANTS !

***Madame Doubtfire*, de Chris Columbus, avec Robin Williams, Sally Field, Mara Wilson, Lisa Jakub, Matthew Lawrence, Pierce Brosnan.**

Synopsis : Quand un papa fou de ses enfants s'en retrouve séparé à la suite d'un jugement de divorce qui confie la garde exclusive à sa femme, il met ses talents d'acteur et d'imitateur au service du cœur. Il se transforme en une parfaite gouvernante irlandaise que sa femme embauche !

BANDE ORIGINALE

***Love Myself*, Blake McGrath.**

Why ? Le message : « Je m'aime, je ne veux pas être parfait. Je sais que je le vaux bien... »

MORALE DE CE SCÉNAR ?

Tout part du regard que vous vous portez. Autorisez-vous aussi à « paraître » et à vous montrer tel que vous vous sentez au fond de vous. Alignez votre reflet avec l'image que vous avez de vous-même : quand les deux s'accordent, vous avez toute votre attention et n'attendez plus que les autres vous l'accordent.

Ouvrez les yeux sur la beauté de votre nature
Vous êtes beau sous toutes les coutures.

J'aime l'image de ma vraie personnalité.

ÉTAPE 3

Sur le tournage

JOUEZ À ÊTRE ET INCARNEZ VOTRE FUTURE RÉALITÉ

Dans la loge, face au miroir, vous avez mis les traits, mis les formes, les couleurs, déniché les accessoires et appréhendé les valeurs qui dessinent la personne que vous désirez être. Le reflet vous le prouve : « en apparence » vous l'êtes.

Maintenant, vous traversez les coulisses et passez devant la caméra : Action ! Vous ne jouez plus seulement dans votre tête : place aux faits ! Vous êtes dans la réalité et vivez votre nouvelle vérité : vous vivez dans l'instant présent.

- Vous n'êtes pas un mais multiple à l'intérieur : et alors ? La vie n'est qu'impermanence et évolution : vous aussi ! Jouez sur toutes les facettes de votre personnalité.
- Explorez vos émotions, elles sont votre moteur et insufflent l'action ! L'instant présent est celui où tout se conjugue : vos pensées, vos émotions, vos espoirs, vos actions et vos rêves : carpe diem.

Après vous être approprié votre personnage, avoir appris les répliques du scénario, répété les scènes, adopté les postures dans votre chambre ou votre salle de bains... place au feu des projecteurs et : Action ! Acteur et réalisateurs (et toute l'équipe technique) ont les rôles principaux... ils agissent en étroite collaboration pour donner corps à l'histoire.

7

ACTEUR

ou l'art d'incarner le changement et de devenir un autre

Inspiration

ACTEUR AU CINÉMA

« Aligne-toi à la fréquence de la réalité
que tu souhaites. »
Albert Einstein

Il crève l'écran, figure en tête d'affiche ou fait la une des magazines : à lui seul, le mot « acteur » fait rêver. Qui n'a jamais souhaité se glisser dans la peau d'un autre et vivre sa vie ? S'effacer ou donner de soi pour être quelqu'un d'autre le temps d'un tournage est un talent parfois inné et toujours cultivé. Seuls quelques-uns se démarquent et marquent cœurs et mémoires. Pourtant, nous sommes tous acteurs de notre vie.

SON RÔLE ?

Le rôle principal d'un acteur est d'incarner à l'écran les personnages nés dans la tête d'un scénariste avec une telle justesse que le public croit en la réalité de ce qu'il v(o)it. Le rôle secondaire parce qu'implicite est tu : jouer avec authenticité pour permettre aux spectateurs de s'identifier et vivre l'aventure par procuration, vibrant d'émotions. Le jeu d'un acteur comme son rôle est double : jouer pour lui en accord avec les autres.

SON QUOTIDIEN ?

L'acteur court de casting en casting pour décrocher un rôle, si ce n'est « *the* » rôle qui va le faire connaître. Une fois qu'il l'a remporté, il s'imprègne des textes qu'il apprend durant des heures pour « être » cet autre qu'on attend de lui. Il répète son texte jusqu'à l'intégrer, le jouer comme si c'étaient ses mots à lui... et vivre sa vie. Face caméra, les autres acteurs lui donnent la réplique et, avec eux, il joue suivant les directives du réalisateur pour donner vie à cet autre qui jusqu'alors n'existait que dans la tête du scénariste. Après le tournage, l'acteur assure la promotion tout en étudiant le texte du – potentiel – rôle suivant.

SA COMPÉTENCE CLEF ?

L'acteur a exploré son être : corps et psyché (émotions...), il s'en sert comme autant de médiums pour incarner.

SA QUALITÉ SINGULIÈRE ?

Une empathie exceptionnelle qui lui permet de se mettre à la place de l'autre et ainsi de « devenir » l'autre.

SON VERBE FÉTICHE ?

Oser, pour émouvoir, susciter des émotions.

SON OBJECTIF ?

Incarner au plus juste son rôle pour vivre mille vies... et transporter les spectateurs dans une autre que la leur – le temps d'un film – en les faisant vibrer jusqu'au bout des ongles.

Action !

ACTEUR DANS LA VIE

« Jusqu'à ce que tu rendes l'inconscient conscient, il régira ta vie et tu l'appelleras destin. »
Carl Gustave Jung

Vous, acteur de votre vie ?

Vous vous attribuez le rôle principal écrit sur mesure par votre désir le plus fou. Vous êtes dirigé par votre intuition et suivez les directives de votre cœur, détaché du regard des autres tout en le respectant. Vous passez à l'action, non pour plaire ou par peur de déplaire, non : pour vous trouver et vous rencontrer enfin.

VOTRE RÔLE SI VOUS L'ACCEPTEZ

« Jouer à être autre au risque de le devenir[1] ». Remake de l'aphorisme : « *Fake it until you make it*[2]. » « Jouer » au sens d'« incarner » qui vous êtes au fond de vous : *osez* enfin tomber les masques, pour assumer vos désirs propres et non plus celui des autres.

Dire c'est bien, faire, c'est mieux.

VOTRE TALENT

Utilisez et tirez le meilleur parti de vos émotions, habitudes, croyances pour les sublimer et incarner votre nouveau vous.

1. Comme le disait mon ami Big G.
2. « Fais semblant jusqu'à réussir ! »

VOTRE ACCESSOIRE

Vous troquez tous les accessoires pour votre corps en action ! Tout passe par lui, passe par elles, ces actions qui naissent des émotions, des sentiments, des croyances, des certitudes...

SILENCE

On a tous un idéal en tête, une idole placardée sur les murs, un mentor qui nous inspire. Un « modèle » quel que soit le nom qu'on lui donne. Tous. Avoué ou secret.

Si demain vous pouviez vous réveiller dans la peau d'un autre : qui serait-il ? Nommez-le.

MOTEUR

Observez avec attention votre modèle, mentalement ou sur une photo, et répondez à ces questions :

Qu'est-ce qui vous interpelle chez lui ?

Que fait-il dans la vie ?

Quel est son style ?

Qu'est-ce qu'il dégage ?

Quand vous le regardez, quel est le premier mot qui vous vient pour le décrire ?

ÇA TOURNE

Pourquoi lui ?

Qu'est-ce que vous admirez en lui ?

Qu'est-ce que vous aimez le plus ? Le moins ? Pourquoi ?

En quoi est-il différent de vous ?

Quelles émotions vous fait-il ressentir ?

Que pourriez-vous faire pour être comme lui en étant vous ? à votre manière ?

Qu'est-ce qui vous en empêche ?

Quelle est la plus grande peur qui vous retient de vous lancer ou juste d'essayer ?

Quelle action pourriez-vous poser pour vous autoriser à l'être ? Quand commencez-vous ?

ACTION !

La séquence de l'acteur vous incite à oser, à sortir de votre zone de confort, à changer de posture et à passer à l'action !

L'acteur a l'art de se détacher de sa vie pour investir celle d'un autre, de se détacher de ses émotions et croyances pour les mettre au service de son jeu, du « je » de son personnage. Et tout passe par son jeu, ses actions.

❶ VOUS ÊTES OMBRE « ET » LUMIÈRE : JOUEZ AVEC VOS NUANCES

Avez-vous remarqué que vous étiez parfois étranger à vous-même et que vous adoriez ça ? Que d'autres fois, vous ne pouviez pas vous encadrer ? Changez d'angle !

Chaque fois que vous êtes heureux d'être tel que vous êtes, que vous vous sentez à votre place, que votre joie est inébranlable : interrogez-vous sur l'état opposé qui est aussi parfois le vôtre et qui assombrit votre humeur et vos états d'âme : notez les faits/scènes, situations, acteurs, émotions et ressentis quand l'ombre l'emporte sur votre lumière : qui êtes-vous à ce moment-là ? C'est vous et votre version « (s)ombre ».

En face, écrivez les pendants positifs : qui êtes-vous à l'heure où vous exultez de joie d'être vous ? *Notez les faits/scènes, situations, acteurs, émotions et ressentis : vous et votre vie « version solaire ».*

....

....

Le jour où vous vous sentirez d'humeur sombre, relisez le scénar de ces scènes qui réveillent votre part solaire et incarnez le rôle de ce vous solaire. Remarquez combien créer les circonstances et revivre les émotions ramène des étoiles dans vos yeux et vous fait irradier.

À chaque part d'ombre sa part de lumière. Cherchez la part cachée de *tous* vos traits de personnalité : ombre et lumière vont de pair, une situation réveillera l'une ou l'autre.

Par exemple, être trop gentil peut cacher le désir d'être aimé ou la peur de ne pas/plus l'être et aussi révéler que vous n'êtes pas suffisamment gentil avec vous-même. Voire plus encore : que vous êtes sévère, dur ou exigeant avec vous (ce qui vous fait verser dans le trop avec les autres).

Vous êtes solaire et sombre à vos heures,
jouez sur le spectre de vos couleurs.
Quand vous vous faites de l'ombre,
traquez votre lumière !

❷ ÉCOUTEZ VOS ÉMOTIONS : ELLES VOUS INCITENT/INVITENT À L'ACTION

Remontez le fil de vos émotions !

Les pensées sont le langage du mental, les émotions, le langage du corps… avant de parler plus fort, avec des maux ou des maladies.

Émotion vient du latin *emovere* qui signifie « ébranler », « mettre en mouvement ». Une émotion vous signale un changement d'état intérieur ou extérieur qui requiert une action pour s'y adapter. Subir ou agir. Agir pour ne pas subir !

Il existe deux types d'émotions : agréables ou désagréables. Les premières déclinent de la joie et vous expriment que l'action que vous réalisez est en accord avec votre nature profonde. Vous êtes sur la bonne voie. Les secondes vous alertent, vous indiquent que vous vous éloignez de vous et vous poussent à l'action pour revenir à la joie. Ignorez une émotion désagréable et elle vous envahira à chaque instant… Pire : elle vous parlera avec ses « maux ». Alors, mettez des mots sur vos ressentis ! Vous pourrez ainsi rectifier actions et manière d'être pour rester en phase avec vous.

Ne cherchez pas à contrôler votre émotion désagréable. Régulez-la. Comment ?

Seule l'action est la solution.
Écoutez, et Action !

Tous les jours, prenez-vous le temps de vous demander : « Qu'est-ce que je ressens » ? Ou attendez-vous d'être possédé par une colère qui ne peut être ignorée ? N'attendez plus ! Aussi souvent que possible, tournez la caméra vers l'intérieur et prenez le temps de vous interroger sur ce que vous ressentez. La prochaine fois que vous vous sentez traversé par une émotion agréable ou submergé par une désagréable : observez ce qui se joue dans votre corps. Est-ce que la tension, le malaise se dissipe ? S'attarde ? Respirez... Fixez votre attention sur ce que vous ressentez et nommez vos émotions : « Je ressens de la joie... de la tristesse... » Observez ce qui se passe ensuite.

Les émotions sont des réalisatrices et metteuses en scène hors pair. Laissez-vous guider par la joie, elle vous dirige en accord avec vos désirs profonds pour que vous soyez la version la plus authentique de vous.

❸ DÉSIDENTIFIEZ-VOUS DE VOS CROYANCES

On a tous des croyances et des certitudes à notre égard, et le plus souvent elles sont limitantes. Les croyances « limitantes » sont des convictions qui forment un filtre sur votre objectif et changent votre perception de vous-même et du monde. Ne pensant qu'au scénario du pire, elles vous coupent les ailes et vous plaquent au sol. Ce sont elles encore qui vous retiennent prisonnier de votre zone de confort et vous empêchent de flirter avec la nouveauté ! Parce que vous rejouez vos conditionnements.

Les identifier permet d'en prendre connaissance, initie une prise de conscience et vous amène à vous en détacher, à vous en « désidentifier ». Se désidentifier, c'est se (re)trouver et changer. Vous n'êtes pas ces croyances limitantes, vous êtes plus que ce que vous vous autorisez à être.

Complétez et listez les croyances limitantes à votre sujet :
« Je ne me sens pas à la hauteur de..., Je n'arriverai jamais à... »

Remplacer chacune d'elles par une croyance motivante en écoutant vos émotions.

« Je ne me sens pas à la hauteur de… » devient « Je peux, si je le veux ! ». « Je n'arriverai jamais à… » devient « Je réussis tout ce que j'entreprends ».

. . . .

. . . .

. . . .

. . . .

. . . .

❹ CHANGEZ VOS HABITUDES !

Pour changer, il ne s'agit plus simplement de savoir ce que vous voulez faire. Il s'agit de savoir qui vous voulez être.

Quel genre de personne avez-vous décidé d'être et quelles sont les actions que vous êtes prêt à accomplir pour être cette nouvelle personne ?

Je ne peux que citer James Clear et son livre (à lire toute affaire cessante !) : *Atomic Habits* ou *Un rien peut tout changer*, sa version française[1]. Qu'il vous inspire aussi et vous incite à agir.

« Pour changer qui vous êtes,
vous devez changer ce que vous faites. »
James Clear

Tout ne tient qu'à de petits ajustements. Or, impatients que nous sommes, voyant que nos efforts ne sont pas immédiatement couronnés de succès, nous abandonnons. Pourtant, ce n'est qu'au prix d'une répétition quotidienne de petits gestes, d'habitudes, que le changement survient.

Vous voulez être autre (désir et choix), atteindre ce résultat passe par un investissement (temps) dans la préparation (actions).

1. Larousse, 2019.

Comment changer ?

« Tout changement repose sur un changement d'identité, explique James Clear. [...] Vos comportements sont le reflet de votre identité. [...] Plus vous répétez un comportement, plus vous renforcez l'identité associée à ce comportement[1]. »

Les petites habitudes
créent de grands résultats.

Pour James Clear, une habitude est un élément de notre identité : plus vous êtes fier de votre identité, plus vous êtes motivé pour garder cette habitude.

Comment adopter de nouvelles habitudes ?

Le cerveau construit toujours ses habitudes sur le même schéma : il anticipe l'avenir à partir de ce qui a fonctionné par le passé. Il analyse sans cesse ce qui se joue autour de vous et à l'intérieur de vous, en quête perpétuelle de récompense (plaisir, épanouissement...). Ce qui vous incite à agir, ce n'est pas l'habitude elle-même, c'est la récompense.

La création d'une nouvelle – bonne – habitude suit quatre étapes :

1. **Le déclencheur**, qui vous permet de remarquer la récompense.
2. **L'envie** de vouloir la récompense.

   C'est l'attente de la récompense qui incite le cerveau à agir, et pas forcément l'atteindre.

3. **La réponse** : est le fait d'obtenir la récompense.
4. **La récompense** : conduit au changement et pousse à analyser l'environnement et à remarquer le même déclencheur dans le futur.

C'est la répétition de ces quatre étapes qui crée de nouveaux automatismes.

Par exemple, si vous désirez être plus sportif :

- **Le déclencheur ?** Votre tenue de sport ! Préparez-la la veille, mettez-la en vue pour la passer directement au réveil ou de retour du travail.

1. *Ibid.*

- **L'envie ?** Vous sentir bien dans votre corps, apaisé, serein, détendu, muscler votre silhouette...
- **La réponse ?** Le fait de faire votre séance de sport, vous le désiriez : vous y êtes !
- **La récompense ?** Le résultat désiré : vous vous sentez bien dans votre corps...

Comment changer une habitude ? Tout part d'une prise de conscience !

Pour James Clear, il existe quatre lois du changement de comportements qui sont aussi quatre étapes clefs. Il s'agit de rendre la nouvelle habitude :

1. **Évidente** : *« Make it obvious. »*
2. **Attirante** *: « Make it attractive. »* La coupler avec une bonne habitude déjà ancrée. C'est l'espérance de la récompense qui vous pousse à agir.
3. **Facile** *: « Make it easy. »* Seule l'action mène au résultat : répétez-la encore et encore !
4. **Satisfaisante** *: « Make it satisfying. »* Récompensez-vous !

Les bonnes habitudes sont celles qui renforcent l'identité de la personne que vous désirez être.

À vous de jouer !

Agir, c'est se définir

OMBRE OU LUMIÈRE ?

Dans l'ombre...

Vous ne vous sentez jamais à votre place, ni tout à fait vous-même, ni tout à fait un autre. Vous vous cherchez sans vous trouver. Insatisfait, blessé, frustré de n'avoir pu, su exprimer vos émotions et vos convictions, vous sombrez dans la comparaison et vous avez tendance à broyer du noir.

Dans la lumière...

Vous irradiez ! Curieux, vous sublimez les émotions et les cinq sens en explorant ressentis et expériences inédites, repoussez les frontières connues pour d'autres inexplorées. Vous vous exprimez pour que d'autres vivent par procuration ce qu'ils n'auraient pas imaginé exister. Vous les entraînez dans votre sillon en jouant sur la corde des émotions.

Vous montrez l'exemple et la voie.

CALL TO ACTION

Fake it until you make it

Vous mourez d'envie de faire quelque chose... et n'osez pas. Ce qui au départ relève d'un jeu réveille en vous l'enjeu, son lot de doutes et de peurs. « Et si... ? » et vous finissez par renoncer. Aujourd'hui : osez.

Oser, c'est avoir peur mais y aller quand même.

Écrivez sur un bout de papier ce que vous désirez plus que tout et avez aussi ce que vous avez le plus peur de faire.

Notez une date, une heure, un lieu et promettez-vous de jouer à être la personne que vous rêvez d'être le temps d'une heure ou plus si vous vous en sentez le cran !

Avant, imagez le comportement que la personne que vous désirez être aurait. Comment ? Inspirez-vous d'une idole, d'un modèle, d'une personne qui est déjà celle que vous désirez être.

Si vous rêvez d'être une *fit girl*, inspirez-vous de l'une de celles que vous suivez sur Instagram, observez sa manière d'être, de faire : ses habitudes, ses comportements, ses rituels, et prenez rendez-vous avec vous-même !

Glissez dans votre agenda à la date indiquée... et inscrivez votre intention de jouer ce jour-là à être comme cette fit girl que vous admirez, le temps d'une heure, deux, un jour...

Par exemple, le jour où je me suis autorisée à être écrivain, j'ai pris rendez-vous avec mon Mac, dans un café que j'adore et, le temps de quelques heures, j'ai joué à la romancière, au point de le devenir aujourd'hui. Depuis, j'écris dans tous les endroits qui m'inspirent romans, biographies et même ce livre pour vous, à cette différence près que je ne joue plus : je suis !

Arrive le jour, puis l'heure, vous vous rendez sur le lieu-dit et soudain vous sentez la peur vous gagner. Pris entre deux feux : le désir d'y aller et de réaliser enfin ce que vous avez imaginé mille fois, et la peur de ne pas y arriver, de ne pas être à la hauteur. Foncez. Si vous ne vous en sentez pas la carrure, misez sur un temps de réalisation plus court mais suffisamment long pour représenter un enjeu à vos yeux.

Et faites-le. Osez faire ce pour quoi vous êtes venu. Que ce soit dans votre cuisine, dans votre salon, dans un café... chez une amie, un inconnu : faites ce pour quoi vous êtes venu. Soyez cet autre que vous rêvez d'être en secret. Prenez-le comme un jeu et amusez-vous.... Acteur de votre vie, vous pouvez interpréter tous les rôles dont vous rêvez.

Oser, pourquoi ? Parce que vous allez confronter votre peur à la réalité et découvrir que :

- Vous n'avez d'autres limites que celles que vous vous posez (mentales : nous en avons tous, elles diffèrent d'une personne à l'autre).
- Vous êtes capables de plus que vous ne vous le pensiez, si vous vous l'autorisez.
- La peur, une fois surmontée, est un moteur, parce que souvent derrière chaque peur se cache un désir.
- Si vous le faites devant les autres, vous réaliserez qu'ils ne jugent pas toujours, et sont même friands de gens qui osent car ils s'en inspirent.
- Si vous avez pu faire cela une heure, vous pourrez le faire deux et plus encore, chez vous ou n'importe où, sous les yeux de vos proches ou de n'importe qui parce qu'aujourd'hui vous avez gagné en confiance et en estime de vous : vous l'avez fait !

Vous réaliserez ce qui vous tient le plus à cœur
quand le désir l'emportera sur la peur...

Chaque désir réalisé ancre dans votre cerveau l'habitude de tenir vos promesses envers vous et de réussir ce que vous entreprenez.

Un, deux, trois... peu importe le nombre de petits désirs que vous devrez accomplir pour atteindre *The One* ! Vous y arriverez à force de vous entraîner, comme l'acteur répète son texte jusqu'à se l'approprier. Il finit par être l'autre.

Oser, c'est être chaque fois un peu plus soi.

RITUEL

Chaque fois que vous avez un avis différent de vos proches et craignez de l'exprimer : préparez-vous comme un acteur prépare son rôle avant de le jouer devant la caméra.

- Seul dans un endroit où vous vous sentez en confiance : mettez-vous debout. Ramenez vos épaules en arrière et tenez-vous droit. Inspirez sur quatre temps, retenez sur autant et expirez sur huit également, lentement.
- Dites à voix haute ce que vous désirez exprimer comme si vous l'adressiez à votre interlocuteur en personne. Par exemple : « Écrivain est un métier à part entière. »
- Recommencez, une fois, deux fois... autant de fois que nécessaire pour l'assumer et dites-le de plus en plus fort, comme si votre interlocuteur se trouvait de plus en plus loin. Restez toujours attentif à ce qui se joue dans votre voix, votre corps lorsque vous osez dire tout haut ce que vous pensez tout bas. Sentez-vous l'hésitation, la peur, la timidité, la colère (ou toute autre émotion initiale) muer au fur et à mesure en un sentiment plus positif car plus en accord avec vous ? Répétez-le jusqu'à ce que la joie de l'avoir exprimé vous gagne. Cette joie d'avoir osé dire votre version de vous-même ou des faits.

Avec votre corps ou grâce à lui, vous avez le pouvoir d'être la personne que vous rêvez d'être et de vivre la vie dont vous rêvez, en l'entraînant à être. À vous de jouer !

FILM INSPIRANT

***Limitless*, de Neil Burger, avec Bradley Cooper, Robert De Niro, Abbie Cornish.**

Synopsis : Un écrivain en proie à l'angoisse de la page blanche découvre une nouvelle drogue démultipliant à l'infini les capacités cérébrales… jusqu'à en payer le prix.

Osez puiser en vous la force d'être la personne que vous désirez être. Les autres, l'extérieur sont des voies vers vous mais ne sont en aucun cas les garants de votre réalisation.

Vous êtes sans limites.
Vous êtes tout à vous tout seul.

BANDE ORIGINALE

***Perfect Illusion*, Lady Gaga.**

Why ? On déchire le voile des illusions quand on commence à s'aimer plus que l'on désire être aimé.

MORALE DE CE SCÉNAR ?

Devenir soi, c'est être acteur de sa vie. Vous avez tout en vous pour être qui vous désirez être. Passez à l'action, entraînez-vous fort pour devenir vous…

Aimez-vous dans tous vos états.

Je surmonte toutes mes peurs et j'agis.

8

RÉALISATEUR ET ÉQUIPE TECHNIQUE

ou l'art de vivre l'instant présent

Inspiration

RÉALISATEUR, CAMERAMAN AND CO AU CINÉMA

« L'art est dans l'infini détail. »
Federico Fellini

Petit zoom pour vous dire que l'archétype du cameraman représente toute son équipe, la filière « image », et l'archétype de l'ingénieur du son, la filière « son ». Sur un tournage, c'est toujours un travail d'équipe, où chacun a un rôle essentiel.

L'acteur devant la caméra joue sous l'œil du réalisateur qui se cache derrière et le dirige. Réalisateur – même s'il a un rôle à part –, cameraman, ingénieur du son et leurs équipes sont focalisés sur « leur » essentiel. Le jeu des acteurs, la mise en scène… (et bien d'autres impossibles à lister de manière exhaustive !) pour le réal, l'action dans le cadre pour le deuxième, le son pour le troisième et son équipe. Si tous ont l'attention rivée sur ce qui se joue devant la caméra, chacun zoome sur sa sphère en suivant les directives du réalisateur. Les dons, talents et savoir-faire de ces experts sont complémentaires. Ce n'est qu'au prix d'un travail d'équipe et d'une collaboration constante que le film verra le jour à la lumière de leurs singularités additionnées.

ZOOM Réalisateur, ou l'art de diriger et de mettre en scène

Le réalisateur, c'est le boss ! Chef d'orchestre, il écrit la partition du film et distribue les rôles. Auteur, artiste, technicien et manager, il met littéralement le script en images – animées à l'écran – là où le story-boarder l'a retranscrit en dessins. Grâce à ses plans, il crée un univers imaginé pour cette histoire et signe de son interprétation artistique et de son style. Omniprésent de la conception à la finition du film, c'est souvent son nom qu'on retient et qui défile au générique sur tous les écrans.

SON RÔLE ?

Le réalisateur ? On ne connaît que lui ! Dieu sur un plateau, dans les coulisses, le studio de montage... Omniprésent avant, pendant et après le tournage, il est sur tous les plans (artistique, technique et managérial...). Garant de la réalisation d'une histoire qui passe du papier à l'écran, il s'assure du respect des intentions, du ton, du message de l'auteur (même si l'auteur c'est lui) et coordonne en ce sens équipes et acteurs à chaque étape de la création du film. Il est celui par qui tout arrive...

SON QUOTIDIEN ?

Le réalisateur ne connaît pas la routine. Polyvalent, son quotidien est à son image : multiple. Il court un contre-la-montre presque permanent pour relever le défi de réaliser un film dans un délai imparti en menant d'une main de maître une équipe aux talents aussi divers que complémentaires. Après avoir écrit ou adapté un scénario, il (co)crée le story-board, prend part au casting des têtes d'affiche, assure les repérages des lieux de tournage, dirige acteurs et techniciens lors du tournage, supervise le montage des séquences qui composeront le film et il en assure aussi la promotion. On comprend qu'on ne retienne souvent que son nom : pourtant sans les autres, il n'existerait qu'à moitié.

SA COMPÉTENCE CLEF ?

Le réalisateur dirige et trouve l'angle pour matérialiser le scénario en film.

SA QUALITÉ SINGULIÈRE ?

Sa vision globale. Il voit déjà le film défiler sur l'écran de ses yeux avant qu'il ne soit projeté dans les salles obscures.

SON VERBE FÉTICHE ?

Réaliser… au sens de concrétiser.

ZOOM Cameraman

Le cameraman est l'œil du réalisateur.

SON RÔLE ?

Caméra à l'épaule, en main ou sur pied, il assure les prises de vues : il filme ! Il est littéralement responsable du « cadre » défini par le réalisateur et du cadrage des plans. Il capte les scènes sur l'écran de sa caméra.

Il fait parler le scénario en images !

SON QUOTIDIEN ?

Responsable de la composition artistique des plans, le cameraman filme les séquences après en avoir défini l'angle de prise de vue avec le réalisateur. Tout au long du tournage, il a un œil sur la scène qui tourne devant son objectif, et un autre sur tout ce qui l'entoure pour parer les potentiels parasites qui troubleraient le bon déroulement du tournage. Il monte ensuite les plans pour écrire en images l'histoire qui vit dans l'esprit du réalisateur.

SA COMPÉTENCE CLEF ?

Trouver le meilleur angle pour que l'image exprime le scénario.

SA QUALITÉ SINGULIÈRE ?

Capter l'essentiel avec sa caméra.

SON VERBE FÉTICHE ?

Cadrer, savoir se positionner.

ZOOM L'ingénieur du son

L'ingénieur du son est l'oreille du réalisateur !

SON RÔLE ?

Étroit collaborateur du réalisateur et du cameraman, il assure la création de l'univers sonore, captant dialogues et sons.

SON QUOTIDIEN ?

Il lit le scénario et en imagine la couleur sonore ! L'ingénieur du son ne jure – presque – que par son oreille. Yeux rivés sur l'écran et casque sur les écoutilles, il fait en sorte que ses prises de sons collent à l'image et restituent les impressions à la perfection. Sa hantise ? Les parasites sonores ! Heureusement, en post-prod, il est le dieu des sons et ne garde qui ceux qui servent l'histoire !

SA COMPÉTENCE CLEF ?

L'ingénieur du son a une oreille sélective exacerbée, il garde uniquement les sons qui servent le scénario.

SA QUALITÉ SINGULIÈRE ?

L'attention.

SON VERBE FÉTICHE ?

Percevoir.

LEUR OBJECTIF COMMUN ?

Retranscrire l'histoire en sons et en images pour faire vibrer les spectateurs comme s'ils l'avaient vécue en personne !

Action !

RÉALISATEUR, CAMERAMAN, INGÉNIEUR IMAGE ET SON DANS LA VIE

« Carpe diem. »
Horace

Vous, réalisateur, cameraman, preneur de son... de votre vie ?

Faites comme les réalisateur, cameraman et preneur de son qui filment, enregistrent, « captent » ce qui se joue dans le présent. Rien ne saurait les en détourner : un écart et ils s'attirent la foudre des regards déçus de devoir rejouer la scène depuis le début ! Tous connaissent l'importance d'un silence, d'un souffle, d'une respiration pour en avoir été les témoins. Tout réside dans l'attention, dans l'intention et dans l'angle de la prise de vue ou de la prise de son ! Tout commence par la concentration... focus où se déverse votre énergie.

VOTRE RÔLE SI VOUS L'ACCEPTEZ...

Vous concentrer sur le seul moment qui compte et existe : l'instant présent ! Laissez le passé derrière vous et permettez à l'avenir de s'écrire.

VOTRE TALENT

Revenez dans l'instant présent avec la pleine conscience, la respiration, la méditation, et le silence…

VOTRE ACCESSOIRE

Vous troquez « le corps en action » pour zoomer sur vos cinq – six – sens, qui sont autant de caméras qui vous guident.

SILENCE

Fermez les yeux.

Observez-vous. Voyez comme vos pensées se jouent de vous : certaines vous retiennent dans un passé révolu, d'autres vous happent dans un avenir qui vous attire. Respirez !

Portez votre attention sur l'air que vous inspirez et expirez. Frais puis chaud. Scannez tout votre corps de la tête au bout des ongles... de pied ! Si une tension se loge quelque part, accordez-lui toute votre attention. Respirez lentement : inspirez sur quatre temps, retenez votre air sur autant et expirez sur huit temps. Sentez le nœud se dénouer peu à peu.

Observée, une tension disparaît.

MOTEUR

Lorsque vous êtes présent à votre corps, le mental se tait. Focus sur vos sens, les pensées sont hors champ ! Zoomez sur votre corps pour n'avoir plus que lui dans le cadre de votre attention. Il ne s'agit plus de voir, il s'agit de « ressentir ».

ÇA TOURNE

Dites-moi, vous êtes-vous déjà observé marcher, manger, respirer, parler, travailler, écouter, danser... ? Sentez-vous votre corps quand vous bougez, vous vous immobilisez, serrez votre amour contre votre cœur ? Ou êtes-vous tellement obnubilé par vos pensées que vous ne vous sentez pas exister, coupé de votre corps ?

....

....

....

....

....

....

....

ACTION !

La séquence du réalisateur vous entraîne à vivre l'instant présent en pleine conscience.

Pressé de vivre, vous en avez oublié d'écouter votre corps. Cette fois, il s'agit de diriger la caméra vers votre monde intérieur pour appréhender vos ressentis et ensuite la retourner vers le monde extérieur afin de le considérer à travers l'objectif de votre nouveau regard.

Prenez votre place : en vous et dans le monde.

❶ RESPIREZ EN PLEINE CONSCIENCE

N'attendez plus d'avoir le souffle court pour respirer : faites-le en pleine conscience.

Écoutez votre respiration, elle est la bande-son de votre film, votre état d'être à l'instant T. Trop courte : elle vous dit que vous êtes à bout de souffle, que la peur vous guette même si tout ne se joue que dans votre tête. Longue et posée : que vous êtes à votre place et que vous vous sentez en sécurité.

Respirer :

- vous permet de prendre de la distance vis à vis de vos émotions et des autres ;
- vous reconnecte à votre corps et à votre désir personnel ;
- vous informe sur votre bien-être ou mal-être : prise de souffle et de hauteur !

Comment respirer en pleine conscience ?

Laissez-vous guider.

Assis confortablement, le dos bien droit, fermez les yeux.

Relâchez vos épaules. Sentez le contact du sol ou du coussin sous vos fesses.

Portez votre attention sur votre respiration.

Inspirez en gonflant vos poumons : sentez l'air frais qui s'infiltre dans vos narines.

Retenez votre souffle cinq secondes. Expirez en vous concentrant sur l'air chaud qui sort par votre nez.

Votre respiration est-elle lente ? Rapide ? Contrariée ?

Scannez votre corps de la tête aux pieds : ressentez-vous des tensions ? Où se situent-elles ?

Prenez une grande inspiration par le nez et expirez par la bouche en portant votre attention sur l'air qui est froid à l'inspiration et chaud à l'expiration. Sentez votre ventre se gonfler puis se creuser.

Recommencez cinq fois en respirant chaque fois un peu plus profondément.

Posez une main sur votre ventre et sentez-le se soulever au rythme de votre respiration. Portez votre attention sur ses mouvements.

Portez maintenant votre attention sur votre cage thoracique. Inspirez sur quatre temps, retenez l'air sur autant et expirez sur huit temps.

Observez, ressentez comme elle se contracte et se dilate chaque fois que vous respirez.

Portez attention à vos ressentis... sentez votre corps se détendre à mesure que vous prenez conscience de son état, de vos ressentis, de votre respiration.

Revenez à votre respiration habituelle en respirant par le nez et observez ce que vous ressentez.

Inspirez et expirez profondément et ouvrez les yeux dans un large sourire !

Terminez par une grande inspiration et étirez-vous sur l'expiration.

Respirer, c'est être au monde.

❷ MÉDITEZ EN PLEINE CONSCIENCE

Si la méditation a bonne presse, vous craignez peut-être de ne pas être à la hauteur de ce bonheur à portée de main et reportez sans cesse cette heureuse expérience à demain ? Comme je l'ai écrit dans mon livre *Pour que chaque jour soit un bon jour* : la méditation, très tendance, est perçue comme un phénomène de mode. Elle a séduit les plus réfractaires. Elle traverse les ans et a de beaux jours devant elle. Pourtant, une question revient sur toutes les lèvres : « Qu'est-ce que la méditation ? »

Selon Christophe André, la méditation est « un entraînement de l'esprit ».

Méditer, c'est s'entraîner à être au monde autrement : pleinement présent à ce qui se passe « en » nous et « à l'extérieur » de nous dans l'instant, « sans essayer de changer ce qui est ».

Méditer, c'est modifier « sa manière de voir les choses ». C'est être en même temps acteur et spectateur du film que votre mental réalise et vous projette H24. Votre tête serait l'écran et votre corps la bande-son qui diffuse les dialogues de vos ressentis : émotions, maux...

La vie prend corps quand vous prenez conscience de votre propre corps.

Changer sa manière d'être ne se fait pas du jour au lendemain. Ce n'est qu'au prix d'un entraînement régulier, de rigueur, de discipline et de patience qu'un cameraman capte l'essence d'une scène. La caméra ne pardonne pas. Impossible de filmer sans habiter son corps. Alors, comment continuer à vivre coupé de son corps ?

Dans une vie à cent à l'heure, nous habitons le plus souvent dans notre tête. Méditer c'est se réincorporer. Méditer, comme filmer ou prendre le son, passe par une attention, une pleine conscience et une présence de tous les instants.

Comme l'exprime Christophe André : « Il n'y a rien à faire, nulle part où aller, personne à être. »

À vous de jouer ! Prenez le temps de noter : comment vous sentez-vous avant et après une méditation ?

Asseyez-vous et fermez les yeux, portez votre attention sur votre respiration et embarquez pour cinq minutes de ce voyage intérieur au cœur de vos profondeurs.

Puis chaque jour, présent à vous, vous prolongez le tête à tête de cinq minutes jusqu'à vous accorder sur le temps d'attention que réclame votre corps[1].

1. Mes livres pour méditer ensemble : *100 méditations minutes* (Larousse), *Méditer pour être heureux* (Audible) : si le premier vous invite à une présence dans des

Méditation minute pour vous reconnecter à votre corps[1]

Asseyez-vous dans votre lit en veillant à ne pas avoir froid, gardez couette ou couverture sur vous si besoin, et fermez les yeux.

Sentez l'appui de votre assise sur le matelas.

Passez en revue chaque partie de votre corps en partant de votre tête pour atteindre vos pieds (tête, buste, bras, mains, ventre, jambes).

Au passage, saluez chacun d'eux et dites : « Bonjour » à voix haute. Sans vous attarder, observez comment un simple « bonjour » vous reconnecte à chaque partie de votre corps. Vous le sentez ? Votre attention, ainsi dirigée dès le réveil, éveille vos sens, crée une relation d'affection avec vous-même. Prenez une profonde inspiration et ouvrez les yeux dans l'énergie de cette bienveillance.

Tout commence par s'aimer.
Ne faites rien : soyez !

❸ FILMEZ UN MOMENT DE JOIE

Il est temps de changer d'angle : tournez la caméra vers l'extérieur et immortalisez un moment heureux grâce à la caméra de votre Smartphone, de votre appareil photo ou une vraie !

Filmer mobilise votre attention sur le présent. Tous vos sens sont en éveil : ouïe, vue, toucher, odorat... et le goût, parce qu'il ne tient qu'à vous de croquer le présent à pleines dents ! L'heure ne sera plus à la projection mais à la réalisation de ce scénario que vous vous êtes imaginé pour cet événement précis. Rien ne vous détournera de ce qui se joue devant l'objectif de votre caméra, vous vivrez l'instant en pleine conscience, attentif à ce que ce présent suscite comme émotions en vous.

Vous célébrez un moment important pour vous ? Anniversaire (le vôtre, celui de votre amour, de vos enfants, d'un ami...), une

moments quotidiens (apprendre, marcher, écouter, regarder, s'endormir...), le second est une invitation au voyage à lire pour s'en imprégner ou à écouter (avec 4 CD) pour se laisser porter.

1. Extraite de mon livre *100 Méditations minute* (Larousse).

crémaillère, un changement dans votre carrière, un voyage, un diplôme... et vous désirez le graver dans le marbre de votre cœur et de votre mémoire. Filmez-le !

1. Choisissez l'événement. ....

....

2. Identifiez le moment précis que vous aimeriez enregistrer pour vous le repasser à souhait sur le petit écran de votre caméra. ....

....

3. Notez les émotions que vous ressentez à l'idée de filmer ce moment. ....

....

4. Le jour J, filmez le moment désiré et plus si affinités, en restant attentif à ce que vous ressentez à l'instant présent en tant que réalisateur et spectateur de cette scène qui s'inscrit dans le film de votre vie. ....

....

....

5. Après, seul, confiez, face caméra, ce que vous a fait ressentir votre expérience de réalisateur de cette séquence de votre vie. ....

....

....

Se faire des films à l'intérieur, c'est en être le spectateur, filmer des séquences extérieures, c'est s'en faire le réalisateur.

④ REPROGRAMMEZ VOTRE SYSTÈME RÉTICULÉ ACTIVATEUR OU SYSTÈME D'ACTIVATION RÉTICULAIRE (SAR)

Caché dans notre cerveau, le SAR[1] a été découvert par deux explorateurs de la conscience : Horace Magoun et Giuseppe Moruzzi en 1949. Le SAR joue un rôle dans les fonctions essentielles du corps humain (respiration, battements du cœur, attention, motivation...). Véritable radar, il capte informations intérieures et extérieures à votre corps, écoute vos émotions et commande vos actions « inconscientes ». Il agit comme un filtre en accord avec vos croyances et ne vous fait voir que ce que vous croyez, vous rendant aveugle à tout ce qui est, selon vous, inutile. Votre SAR zoome sur tout ce qui vous donnera raison, même si vous avez tort ! Vous attirez ce à quoi vous croyez. Mettez le SAR au service de vos objectifs, désirs et rêves !

Comment ? Faites l'expérience. Pensez à quelque chose très fort. Quoi ? Un rouge à lèvres glossy rouge passion ? Un déménagement à New York ? En prenant conscience de votre désir ou de votre peur (ça marche aussi pour les choses négatives qui nous obsèdent, mais le but ici est de ne zoomer que sur le beau !), vous ne verrez plus que ce qui occupe votre esprit sur le moment ou intérieurement...

Celles qui désirent un *lipstick glossy* rouge passion verront partout des lèvres empourprées des touches Coco, et ceux qui rêvent de New York, où que vous portiez votre regard, laissez traîner vos oreilles : tout vous parlera de New York, les affiches, bandes-annonces, films...

Essayez ! Vous ne pourrez plus vous en passer... ce n'est plus votre SAR qui vous parlera, c'est vous qui le dirigerez pour qu'il zoome sur ces essentiels qui vous font la vie belle !

OMBRE OU LUMIÈRE ?

Dans l'ombre...

Vous ne captez que les pensées négatives qui vous traversent, les paroles blessantes, les absences d'attention, vous ne voyez et

1. Le SAR est une structure nerveuse du tronc cérébral située à l'avant du cervelet.

n'entendez que ce que vous voulez, tant que cela alimente le cercle vicieux de vos idées noires et attise ou entraîne votre autodestruction. Vous êtes égocentré et décentré à la fois, ne voyant que vos manques, aveugle à votre richesse... celle d'être qui vous êtes.

Dans la lumière...

Vous êtes comblé, cœur, corps, âme et esprit nourris des bonheurs offerts dans l'instant présent : un regard, un sourire, un éclat de rire, le doux bruit de la pluie. Attentif à la beauté de l'instant, vous la captez sous toutes les coutures. À vos côtés, les autres recouvrent la vue et l'ouïe pour les bonheurs simples.

CALL TO ACTION

Ne captez que le meilleur

Aujourd'hui, demandez à votre SAR de captiver votre attention sur les gens heureux, solaires, qui sourient et souriez-leur en retour, puis :

- Zoomez sur leur manière d'être, de se mouvoir, leur style, les couleurs qu'ils portent en les embrassant du regard.
- Écoutez le son de leur rire, les paroles qu'ils échangent, leurs pieds qui frappent le pavé.

Notez dans votre carnet ce que vous avez vu grâce à votre SAR et qui justement coïncide avec votre demande, vous n'en reviendrez pas !

Si vous lui avez demandé de voir les gens heureux : repassez-vous les séquences de votre journée et notez toutes ces scènes où vous avez été témoin d'événements « heureux » : un sourire, un éclat de rire, l'étreinte d'un couple, un enfant qui danse, tout ce qui pour vous rime avec bonheur.

Vivez la vie en ne zoomant que sur ce qui fait que vous vous sentez vivant.

RITUEL

Chaque fois que vous êtes accaparé par vos pensées, respirez trois fois très fort, puis trois fois lentement. Et faites appel à l'un de vos cinq – six – sens... Pourquoi ? Parce que porter attention à votre corps, à ce qu'il perçoit, éloigne vos pensées et vous ramène instantanément dans le moment présent.

- Bougez ! Sautez sur place, dansez, marchez vite…
- Humez un parfum, une huile essentielle de menthe poivrée (vivifiante) ou de lavande (apaisante).
- Buvez un verre d'eau ou un thé, un café ou toute autre boisson, en portant votre attention à sa température, à son goût, et sentez-la vous parcourir à l'intérieur…
- Faites un *hug* à votre amoureux, un ami, votre chien, votre chat…
- Écoutez l'une de vos chansons préférées en prêtant attention au rythme de la musique, aux paroles, au timbre de la voix du chanteur…
- Regardez autour de vous et détaillez du regard ce qui vous entoure…

Jouez avec vos cinq sens pour que le présent fasse sens pour vous.

Appréhendez la vie sous tous les angles
et ouvrez le champ des possibles.

FILM INSPIRANT

***Mange, Prie, Aime*, de Ryan Murphy, avec Julia Roberts, Javier Bardem.**

Synopsis : Liz Gilbert semble comblée : un mari, une maison et une carrière brillante… pourtant, elle ressent un profond vide intérieur. En quête de sens, elle répond à l'appel du voyage, et se rend où se situent les vraies choses de la vie : en Italie pour manger, en Inde pour prier et à Bali pour trouver la paix.

Une âme en quête des essentiels
qui donneront un sens à sa vie.
Tout ce après quoi vous courez est en vous…

BANDE ORIGINALE

***Now We are Free*, Hans Zimmer et Lisa Gerrard.**

Why ? Une ode à la liberté d'être soi, là, maintenant.

MORALE DE CE SCÉNAR ?

C'est dans l'instant présent que vous jouez le rôle de votre vie, vous n'aurez pas deux fois l'occasion d'être qui vous voulez être. Réalisez ce qui vous fait vous sentir vivant : respirez, ouvrez grands vos yeux et…

… soyez vous maintenant !

Je vis pleinement l'instant présent.

ÉTAPE 4

Après le tournage

VIVEZ VOTRE NOUVELLE VIE À VOTRE MANIÈRE, SINGULIÈRE

Vous l'avez fait : vous avez goûté à la saveur de jouer le rôle de votre vie, vous irradiez à l'écran (de vos pensées) comme à la vie : le film est dans la boîte. Maintenant, c'est l'heure du bilan ! Faites défiler les prises en continu pour dérusher[1] et faire le point ou la mise au point. Dans cette quatrième et dernière étape :

- Rembobinez les séquences, coupez avec votre ancien vous-même et votre ancienne vie pour ne garder que la nouvelle version des deux.
- Composez la bande originale de votre film avec les sons de votre nouvelle vibration.
- Diffusez votre film : exultez de gratitude et de reconnaissance en offrant ce que vous avez appris et ce que vous êtes.

Le film de votre vie s'écrit ici à votre image, zoome sur votre épanouissement dans le rôle principal d'une vie que vous avez choisie. Vous offrez vos talents, les séquences de votre métamorphose pour que ceux qui ne voient pas encore la vie en rose osent à leur tour écrire, séquence après séquence, leur scénario et faire dérouler le film de *leur vie*.

1. Dérusher : visionner les séquences filmées et sélectionner les rushes qui seront montés et créeront le film.

9

MONTEUR-MIXEUR IMAGE ET SON

ou l'art de couper avec l'ancien et de faire place à votre nouveau vous

Inspiration

MONTEUR-MIXEUR IMAGE ET SON AU CINÉMA

« Le cinéma, c'est l'enfance de l'art. »
Jean-Luc Godard

Petit zoom pour vous dire que pour l'archétype du « monteur-mixeur » j'ai fusionné les deux talents et il représente ici « les métiers » qui parfont le film – étalonneur, doubleur, bruiteur, sous-titreur, truquiste, superviseur effets spéciaux… – et sans qui le film n'aurait pas la même couleur !

Le film est dans la boîte, reste à l'écrire à l'écran. C'est le monteur-mixeur qui le « met en musique » ! Il visionne, coupe, sélectionne et assemble – « monte » – les séquences qui feront le film.

SON RÔLE ?

Écrire le film de manière visuelle et sonore en sélectionnant et en assemblant les plans qui racontent l'histoire, qu'il synchronise ensuite avec les sons : dialogues, bruitages et musique.

SON QUOTIDIEN ?

Seul ou en binôme avec le réalisateur, le monteur-mixeur « dérushe » : il visionne toutes les séquences – scènes – tournées, les classe par ordre chronologique et sélectionne celles qui racontent l'histoire. Il les rapproche, les raccorde, donnant rythme et cohérence au film. Il cale les sons, dialogues, doublages, bruitages, musiques sur les images, créant la bande-son et conférant au film son identité sonore. Les autres talents de l'équipe apportent la touche finale : l'étalonneur joue sur le clair-obscur et sur les nuances des couleurs, le compositeur de musique personnifie le genre dans une bande originale dramatique...

Le talent de tous signe la singularité d'un film.

SA COMPÉTENCE CLEF ?

Le monteur-mixeur compose au sens propre (ambiances visuelles et sonores) comme au figuré (avec les désirs du réalisateur).

SA QUALITÉ SINGULIÈRE ?

Sélectif !

SON VERBE FÉTICHE ?

(R)accorder les meilleures prises !

SON OBJECTIF ?

Par un savant choix d'associations images et sons, faire défiler à l'écran le film tel qu'imaginé !

Action !

MONTEUR-MIXEUR DANS LA VIE

« Ils ne savaient pas que c'était impossible, alors ils l'ont fait. »
Mark Twain

Vous, monteur-mixeur de votre vie ?

Rembobinez ! De votre passé, vous ne gardez que les meilleures séquences et coupez les plus sombres. Vous faites le point ou la mise au point pour ne vibrer qu'aux sons de votre nouvelle version : vous crevez l'écran d'épanouissement et irradiez de gratitude.

VOTRE RÔLE SI VOUS L'ACCEPTEZ

Dérusher pour couper des séquences de votre vie passée, ne monter que les meilleures et écrire le film de la vie dont vous rêviez et qui aujourd'hui devient réalité...

VOTRE TALENT

Vous vibrez de gratitude et partagez le bonheur d'être vous.

VOTRE ACCESSOIRE

Vous troquez la caméra de vos cinq (six) sens pour une paire de *pink glasses* symbolique afin de voir la vie en rose. Vous chaussez vos lunettes roses pour écrire le film de votre vie aux couleurs de votre nouveau vous... Adieu séquences sombres et anciens schémas !

SILENCE

Fermez les yeux. Inspirez et expirez... attentif au son de votre souffle qui entre et sort de votre nez.

Imaginez-vous dans un endroit réel ou imaginaire qui, pour vous, rime avec paradis, bonheur, bien-être, calme et sérénité.

Laissez venir les images de moments passés qui vous ont fait ressentir tristesse, peine, désillusion...

MOTEUR

Où êtes-vous ?

Que voyez-vous ?

Qu'entendez-vous ?

Ou qu'écoutez-vous ? Sons, bruits ambiants, musique ?

Que touchez-vous ? Sable, terre, coussins...

Que sentez-vous ?

Décrivez.

Quand vous rembobinez la pellicule de ces moments douloureux, tristes, ou éprouvants, quelles sont les premières images qui vous reviennent ?

Quelles émotions suscitent-elles ?

ÇA TOURNE

Qu'est-ce qui dans ces souvenirs rime pour vous avec :

Tristesse ?

Déception ?

Peur ?

Remords ?

Regrets ?

Inspirez et expirez lentement trois fois. À mesure que vous inspirez et expirez, l'image de ces souvenirs douloureux s'éloigne et rapetisse jusqu'à n'être qu'une photo. Saisissez-la et imaginez que vous prenez une paire de ciseaux, coupez la photo, et soufflez sur les morceaux pour les éloigner le plus loin possible. Si le moment éprouvant est une longue séquence, visualisez-la sur écran et... *Cut* ! Coupez ! Passez ensuite à la séquence suivante et zoomez sur un souvenir récent où vous étiez cette nouvelle version de vous.

Qu'est-ce qui dans cette séquence suscite en vous :

Bonheur ?

Bien-être ?

Calme ?

Sérénité ?

Enregistrez !

....

....

....

....

....

....

....

....

....

....

....

....

....

....

....

....

....

ACTION !

La séquence du monteur-mixeur aiguise la prise de conscience de qui vous êtes devenu.

❶ REMBOBINEZ ! KEEP OR CUT[1] !

L'heure du montage est arrivée et avec elle celle du « bilan » de votre vie pour dérusher. Chaussez vos *pink glasses* pour ne garder que les plus belles scènes. Aujourd'hui : arrêt sur image, sélection et montage des meilleures séquences.

Il s'agit de passer en revue votre vie dans son ensemble pour faire une « mise au point », « ajuster » en coupant les séquences dont vous ne voulez plus pour ne monter que celles qui résonnent avec la personne que vous êtes en train de devenir.

Vous pourrez rejouer la même étape avec les résolutions que vous avez prises récemment, une fois que vous serez pleinement la nouvelle version de vous.

Arrêt sur image

Demandez-vous : « Si je regarde ma vie, qu'est-ce que j'aimerais garder ? »

Pour y répondre, reprenez le scénario que vous vous étiez – consciemment ou inconsciemment – imaginé, et arrêtez-vous sur chacune des scènes clefs envisagées en suivant les étapes ci-dessous. Vous pouvez :

- garder et monter ces séquences essentielles qui vous font la vie belle : *Keep !*
- couper pour changer : *Cut !*

1. L'intention première de votre vie

Quelle était-elle ?

Vous semble-t-elle toujours réalisable ?

Si oui, gardez-la ! *Keep !*

Si non, *Cut !*

1. « Garder ou couper ».

Et quelles peurs, croyances, événements vous empêchent de l'accomplir ?

Par quelle autre intention pourriez-vous la remplacer ?

Ne gardez que les intentions qui vous élèvent vers la meilleure version de vous-mêmes, coupez les autres !

....

....

....

2. Quels étaient vos objectifs de départ ?

Listez les trois principaux.

En avez-vous réalisé un ?

Si oui, qu'avez-vous ressenti ?

Aujourd'hui, *keep or cut* ? Gardez-vous ces mêmes objectifs ou les remplacez-vous par d'autres ?

Réécrivez la liste mise à jour.

1. ....
2. ....
3. ....

3. Quelles valeurs aviez-vous choisies comme moteur pour vous réaliser ?

Relisez-les. *Keep or Cut ?*

....

....

....

Quels comportements aviez-vous prévu d'adopter pour les faire valoir et respecter ?

Keep or Cut ?

Listez ceux que vous gardez.

Remplacez ceux que vous coupez.

....

....

....

4. Quel modèle aviez-vous choisi pour vous inspirer ? Pour quelles raisons ?

Keep or Cut ?

En changeriez-vous ? Si oui, quel serait votre nouveau modèle ?

Si vous avez commencé à vous en inspirer : aujourd'hui, qu'avez-vous réalisé comme lui ? De différent ?

....

....

....

5. Le titre de votre film

À l'époque où vous avez choisi cette vie, quel titre auriez-vous imaginé ?

Au regard de ce que vous avez vécu, reflète-t-il toujours ce que vous désirez vivre ?

Si oui décrivez en quoi ? *Keep.*

Si non, *Cut* ! Quel autre titre donneriez-vous au film de cette nouvelle vie ?

....

....

....

❷ VIBREZ DE JOIE AU DIAPASON DE LA MUSIQUE ET DES SONS

Vous avez monté les dernières séquences de votre film, mais avez-vous pensé à la musique ? Elle a un rôle majeur dans la vie autant qu'au cinéma. La musique, comme elle suscite les émotions, ravive les souvenirs et inspire votre avenir. Composez la bande originale de votre film et donnez-lui la couleur de votre vibration !

Tout n'est que vibrations. Si mystiques, guérisseurs et spirituels s'accordent sur le pouvoir du son depuis la nuit des temps, il n'est plus le seul apanage des âmes en quête de sensations fortes. Le son circule partout et pour tous. Le son est puissant : il a le pouvoir de modifier notre état physique et psychique. En s'harmonisant avec la signature vibratoire (votre vibration énergétique) de chaque partie de votre corps, les fréquences du son réénergisent tout votre être.

Inspirez-vous !
Les sons ont un puissant pouvoir de guérison.

C'est de notoriété publique, la musique apaise les mœurs, on connaît la chanson. Connaissez-vous le pouvoir de guérison des sons, de leur vibration ? Moins connu, il gagne à être reconnu !

Il existe des « fréquences sacrées » qui ont le pouvoir de guérir. Ces fréquences sacrées, également nommées « solfège sacré ou secret », constituent l'ancienne échelle de six notes utilisée dans la musique sacrée. Elles sont connues pour être les fréquences d'origine des chants grégoriens. Gamme particulière composée de six fréquences sacrées majeures (en gras ci-dessous), elle a été complétée par trois autres :

174 Hz, 285 Hz, **396** Hz, **417** Hz, **528** Hz, **639** Hz, **741** Hz, **852** Hz, 963 Hz.

C'est au cœur des années 70 que les fréquences du solfège sacré ont été redécouvertes par le Dr Joseph Puleo, médecin et l'un des herboristes majeurs en Amérique.

Ce solfège secret aurait de sacrés pouvoirs et vertus sur tous les plans de l'être. Il changerait l'état de vos humeurs, libèrerait des blocages, de la culpabilité et des peurs, développerait l'intuition... et plus encore.

Comment les sons agissent sur nos corps ? Écouter des musiques comprenant ces fréquences et ces sons induit des images qui stimulent, structurent la conscience et libèrent ainsi les émotions parfois restées bloquées. Vous pouvez découvrir ces musiques en googlisant : « musique fréquence xxx Hz », en indiquant chaque fois la fréquence souhaitée.

Le pouvoir de chaque fréquence est singulier :

- 174 Hz : anesthésique naturel, elle procure un sentiment de sécurité et de bien-être.
- 285 Hz : régénère organes et cellules.
- 396 Hz : libère de la culpabilité.
- 417 Hz : transmute les expériences traumatiques et engendre un changement des schémas émotionnels.
- 528 Hz : appelée « la fréquence des miracles », elle redonne énergie vitale, clarté d'esprit et procure une profonde paix intérieure.
- 639 Hz : reconnecte et rééquilibre les relations ouvrant la porte à plus d'harmonie.
- 741 Hz : (r)éveille l'intuition et encourage à l'expression de soi.
- 852 Hz : déchire le voile des illusions, confère clairvoyance pour voir au-delà des apparences et mène à éprouver de l'amour inconditionnel.
- 963 Hz : procure un sentiment d'appartenance, de plénitude et d'unité.

Branchez-vous sur la bonne fréquence et montez en vibrations ! Choisissez la fréquence, écoutez la musique et laissez la magie agir.

La musique nous met dans tous nos états. Tour à tour, elle nous enveloppe, nous porte, nous transporte. Magiciennes, ses ondes se propagent et se jouent de nous et dans un tout autre état d'être nous embarquent !

Un son peut tout changer.
Trouvez votre plus haute fréquence.

❸ REPASSEZ EN BOUCLE LES PLUS BELLES SÉQUENCES DE VOTRE VIE

Répondez à ces questions sans filtre, avec sincérité, authenticité, honnêteté et fidélité à vous-même :

- Dans votre vie, qu'est-ce qui vous a le plus ému ?
- Qu'est-ce qui vous a fait vous sentir vivant ?
- À quel moment de votre vie vous êtes-vous senti le plus heureux ?
- Qu'avez-vous accompli dont vous êtes le plus fier ?
- Auprès de qui vous sentez-vous bien en toutes circonstances et aimé tel que vous êtes ?
- Quelle expérience éprouvante vous a transformé et rapproché de votre vraie nature ? Décrivez ce que vous avez vécu, ressenti, compris, et de qui. Quelle qualité cette expérience a-t-elle mise en lumière ? Soyez fier de vous. Cette étape n'était là que pour vous métamorphoser en vous.
- Quelles chansons ravivent des souvenirs heureux ? Décrivez.

Chaque fois que votre esprit affiche l'écran noir ou que peurs, doutes et craintes déboulent en divas pour attirer l'attention et décrocher le premier rôle : repassez-vous ces séquences clefs, faites un arrêt sur image sur chacune d'elles et réinvestissez les ressentis de joie, de bonheur, de force de détermination, de toute-puissance… qui irradiaient votre être.

BIEN ET MAL VÉCU : OMBRE ET LUMIÈRE

Dans l'ombre…

Vous broyez du noir, ne voyez que le négatif même dans le positif ! Si quelqu'un rayonne trop fort, vous voyez rouge, en prenez ombrage et, vert de rage, vous vous tapissez dans l'ombre de votre colère noire.

Dans la lumière…

Alchimiste dans l'âme, vous avez l'art de voir le beau en tout, de ne garder que l'or dans le noir, la morale dans le traquenard, la leçon dans l'échec. Vous transcendez ce qui vous arrive et sublimez chaque instant, ayant capté l'essence de qui vous êtes vraiment.

CALL TO ACTION

Prêtez vos lunettes roses !

Lorsque l'un de vos proches verse dans la plainte et zoome uniquement sur les séquences les plus tristes de sa vie, de sa journée : prêtez-lui vos lunettes roses et avec lui zoomez sur ce que la séquence évoquée lui a permis de gagner, d'apprendre, d'être, de voir, de rencontrer. Montrez-lui le rose dans le noir !

Si le passé pave l'avenir,
vos meilleurs souvenirs écrivent ceux à venir.

RITUEL

Composez votre bande originale « Feel good »

Au cinéma, la musique a un rôle essentiel. Elle joue sur la corde des émotions des spectateurs, leur faisant vivre la scène plus intensément. Vous, quelles sont vos *feel good songs* ? Quelles sont ces chansons, ces musiques qui :

- vous donnent le *smile* ?
- vous plongent dans un état de bien-être ?
- vous donnent élan et énergie quand vous en manquez ?
- vous donnent l'envie de danser ?
- vous encouragent à vous surpasser ?
- vous inspirent ?

Composez votre play-list à partir des 12 chansons choisies, comme je l'ai fait, et offrez votre bande originale aux acteurs principaux du film de votre nouvelle vie.

FILM INSPIRANT

***La vie est belle*, de et avec Roberto Begnini, Nicoletta Braschi, Giorgio Cantarini.**

Synospis : Guido, un jeune Italien juif enjoué et plein d'espoir rêve d'ouvrir sa librairie. Il tombe amoureux de Dora. De leur union naît Giosué. Déportés dans des camps de concentration allemands cinq ans plus tard, Guido fait croire à son fils qu'ils sont venus là pour jouer un jeu dont le premier prix est un « vrai » char d'assaut, et que pour le gagner il faudra parfois accomplir des missions éprouvantes.

L'amour est un grand maître, il enseigne l'art de façonner un monde meilleur à l'encre des malheurs. Un bon monteur-mixeur qui ne capte que le meilleur !

BANDE ORIGINALE

***On ne dit jamais assez aux gens qu'on aime qu'on les aime*, Louis, Matthieu, Jospeh et AnnaChedid.**

Why ? Tout est dit dans le titre… quels que soient nos différends, nous aimons nos proches, le dire est un cadeau !

MORALE DE CE SCÉNAR ?

Dans la vie, tout n'est qu'énergie, fréquences et vibrations. Connectez-vous au rythme de vos désirs, et mettez-vous au diapason de votre réalisation en vous calant sur les blanches des musiques, des sons, des vibrations, des personnes qui ont le pouvoir de faire monter en gamme l'énergie et la couleur de votre âme !

Je garde le meilleur de chaque situation.

10

DISTRIBUTEUR ET EXPLOITANT

ou l'art de partager en toute gratitude

Inspiration

DISTRIBUTEUR ET EXPLOITANT AU CINÉMA

C'est un talent
de révéler celui des autres.

Le film est prêt à être diffusé sur les écrans du monde entier, aux distributeurs et aux exploitants de jouer !

Le distributeur sélectionne les films selon leur potentiel commercial et l'exploitant les programme dans ses salles ! Sans eux, les films resteraient dans l'ombre.

LEUR RÔLE ?

L'un et l'autre décèlent le potentiel d'un film pour l'offrir au public.

LEUR QUOTIDIEN ?

Le **distributeur** est au courant des dernières tendances du septième art. Il arpente les festivals et fait partie des privilégiés qui assistent aux projections en avant-première. Après le visionnage, il sélectionne les plus prometteurs. Séduit, il évalue les chances de rentabilité, achète les droits et pense déjà au rayonnement, retour sur investissement oblige ! Il définit les objectifs de vente et de diffusion dans les circuits d'exploitation et de diffusion : salles de cinéma, chaînes de télévision, SVOD… Il estime le potentiel de fréquentation des publics, le prix, la durée et la fréquence des diffusions. Il prospecte et négocie à l'échelle internationale, et met en place une campagne promotionnelle pour susciter l'intérêt du public.

L'**exploitant** d'une salle de cinéma est dieu dans son établissement, c'est lui qui décide des films qui y seront diffusés ! L'enjeux de la sélection le rend exigeant : dénicher les succès commerciaux de demain. Proche de son public, il en connaît les goûts jusqu'à les anticiper et programmer les films qui les comblera. Une fois le film négocié avec le distributeur, l'exploitant le programme et décide du temps où il restera à l'affiche.

LEURS COMPÉTENCES CLEFS ?

Bons gestionnaires, ils s'assurent que le film profite à tous.

LEUR QUALITÉ SINGULIÈRE ?

Leur sens du partage.

LEUR VERBE FÉTICHE ?

Transmettre.

LEUR OBJECTIF ?

Déceler les films qui feront vibrer le plus grand nombre de spectateurs et resteront le plus longtemps à l'affiche et en tête du box-office !

Action !

DISTRIBUTEUR ET EXPLOITANT DANS LA VIE

« Le monde du partage
devra remplacer le partage du monde. »
Claude Lelouch

Vous, distributeur et exploitant de votre vie ?

Vous avez décelé le bon scénar pour vivre pénard ? Vous avez capté les tendances de ces expériences qui changent un état en un autre, plus en harmonie avec vous-même ? Soyez reconnaissant : remerciez la vie, l'univers et soyez généreux : diffusez ! Partagez rituels, habitudes, pratiques, découvertes ! Vous avez l'histoire, les images sous le bon angle, les sons, les dialogues... le tout mis en musique : dites-le. Devenez le passeur de bonheur. Ils ne vivront ni tout à fait la même histoire ni tout à fait une autre, ils vivront leur expérience d'après la vôtre.

Montrez l'angle et ils adopteront la posture !

VOTRE RÔLE SI VOUS L'ACCEPTEZ

Exprimer votre reconnaissance, votre gratitude.

VOTRE TALENT

Donner ! Donner, c'est recevoir. Partagez.

Le partage est à portée de tous,
à portée de main et sa portée est infinie…
Partager un bonheur, c'est le décupler.

VOTRE ACCESSOIRE

Vous troquez les *pink glasses* pour un ticket de remerciement et de gratitude. Avec ce simple mot sur un ticket vous distribuez joie, amour, bonheur comme vous le feriez en offrant une place de cinéma pour l'avant-première du film d'un réalisateur de renom !

SILENCE

Fermez les yeux.

Si vous deviez dire merci à la vie, pour quoi le feriez-vous ?

Laissez venir les images.

MOTEUR

Quelles sont les images qui vous sont venues ? Les premières ? Les autres... et si vous poussez encore plus loin, jusqu'à quel point êtes-vous reconnaissant à la vie d'être qui vous êtes, où vous êtes, ce que vous êtes... ? Laissez venir et observez.

ÇA TOURNE

Quelles émotions ressentez-vous quand vous songez à :

- qui vous êtes ?
- la place où vous êtes ?
- ce que vous êtes ?

Décrivez, pour chaque pensée : « Lorsque je songe à (qui je suis, où je suis, ce que je suis), je ressens... » suivi des émotions qui vous traversent.

....

....

....

....

....

....

....

....

....

....

....

ACTION !

La séquence *du distributeur et de l'exploitant pose les bases d'un nouvel état d'esprit (ou nouveau mindset) : celui du partage, de la gratitude et de la reconnaissance.*

❶ LA PUISSANCE DE LA GRATITUDE

Vivre dans la gratitude,
c'est une attitude. Adoptez-la.

La gratitude, c'est être conscient de ce qu'on est et de ce qu'on a, et en remercier la vie et les êtres.

Nous sommes la somme de ces petits riens qui sont tout ! Éprouver et manifester de la reconnaissance pour l'abondance dans notre existence, c'est une attitude. Naturelle pour qui est conscient d'être riche de ce qu'il a. Une hérésie pour l'insatisfait qui n'a de cesse d'avoir plus.

Cessez de vous focaliser sur ce qui manque à votre vie pour qu'elle soit parfaitement « réussie ». Le perfectionnisme entretient l'illusion d'un idéal et enfante frustration et insatisfaction. Et attire ce qu'il ne veut pas, ne vibrant qu'à cela !

Célébrez ce que l'univers vous offre à chaque instant. Zoomez sur la chance d'être qui vous êtes, d'avoir ce que vous avez et de faire ce que vous faites.

Remercier, c'est s'émerveiller.

Vivre dans la gratitude, c'est dire merci pour :

- **les choses simples et naturelles** : un sourire, un éclat de rire, un crépuscule, une chanson, un thé ou café, la caresse du vent dans les cheveux, un bain, un footing...
- **les choses plus profondes** : l'amour, l'amitié, une passion... et pour l'adversité qui vous change, vous fait muer vers une version de vous-même plus éveillée, plus en conscience et plus singulière !

Remercier chaque personne et chaque situation, c'est inviter la magie de la loi de l'attraction à agir au quotidien. Vibrez à la reconnaissance et à la gratitude, vous aimanterez plus de positif dans votre vie.

Plus vous irradiez de gratitude, plus vous remerciez l'univers pour ce que vous êtes, et ce que vous avez, plus l'univers vous donnera la joie d'être et d'avoir encore et encore plus. Vous en doutez ? Essayez !

Reconnaître la chance que l'on a,
c'est s'élever avec plus de profondeur.

❷ LA GRATITUDE BOX

À partir d'aujourd'hui, chaque soir avant de vous endormir, repassez-vous les meilleures séquences de votre journée, et en bon scripte, notez trois petits riens positifs... ces petits riens pas si anodins parce qu'ils ont le bonheur communicatif.

1... 2... 3 ! Et terminez par : « Merci ! »

Notez chacun d'eux sur un petit bout de papier coupé en forme de ticket ou sur un vrai ticket ! Et apposez un *merci* à côté.

1. Lecture : merci.
2. Footing : merci.
3. Café chaud : merci.

Collectionnez-les dans une boîte que vous pourrez appeler « *my gratitude box* ».
Et chaque soir recommencez.

Les jours de blues, piochez dans cette *gratitude box* un ticket de gratitude pour vous rappeler la chance que vous avez de pouvoir lire, courir, boire un café, et faites ce qui est écrit sur ce ticket pour retrouver cette joie : lisez, courez, buvez un café chaud...

❸ TROUVEZ LE CADEAU DANS CHAQUE SITUATION

De manière générale, dans votre vie, pour quels petits riens, choses simples, éprouvez-vous de la gratitude ? Exprimez-vous !

Quelles sont les personnes à qui vous vouez une profonde gratitude ? Pour quelles raisons ?

Comment aimeriez-vous leur exprimer votre reconnaissance ?

Écrivez : *merci* sur un ticket et offrez-le à chacune d'elles. Un merci a une valeur inestimable.

Quelles personnes aimeriez-vous remercier aujourd'hui alors qu'elles vous ont fait vivre l'enfer par le passé soit parce qu'elles vous ont quitté, trahi, rejeté, abandonné, humilié ou fait vivre un sentiment d'injustice ? Listez et ensuite :

1. Allumez une bougie.
2. Inscrivez sur un papier libre : la date du jour.
3. Écrivez-lui cette lettre :
   [Son prénom],
   Je te remercie de m'avoir ouvert les yeux sur la vraie nature de notre relation.
   Merci d'avoir mis en lumière cette partie de moi qui me sabotait dans l'ombre et m'empêchait d'être pleinement moi.
   Pour tout cela : merci.
   Je te pardonne. Je me pardonne.
   Aujourd'hui, je me libère de toi et te souhaite une vie empreinte d'amour et à ton image.
   [Signez de votre nom].
4. Coupez la lettre à l'horizontale, de manière à séparer son prénom et le vôtre : vous rompez ainsi tout lien énergétique.
5. Brûlez la lettre.
6. Répandez les cendres sur la terre en prononçant : « Aujourd'hui, je suis libérée de toi et je suis libre d'être pleinement moi. Merci. »

En quoi éprouvez-vous de la gratitude pour qui vous êtes ?

Allumez une bougie, lancez une musique en choisissant l'onde pour atteindre l'état désiré et écrivez un message de gratitude et de reconnaissance à la vie et à l'univers.

- Pour ce que vous êtes et avez déjà dans votre vie.
- Pour ce que vous désirez être, avoir et faire, en parlant au présent comme si vous aviez déjà ce que vous désirez et étiez pleinement la personne que vous aspirez à être.

- Lisez-le voix haute.
- Et terminez par : « Merci, je suis heureuse. J'éprouve une profonde gratitude pour toute l'abondance dans ma vie et pour être riche de qui je suis. Merci la vie, merci l'univers, merci mon Dieu... Merci... » Votre ange gardien, vos proches partis dans l'au-delà, remerciez qui vous voulez. Remerciez chaque jour.

❹ SOURIEZ[1] !

Sourire, c'est offrir un souffle de joie à celui qui le reçoit. C'est un ticket virtuel ! C'est offrir du bonheur sans attendre quoi que ce soit en retour.

Sourire a des vertus insoupçonnées ! Sourire :

- insuffle sympathie et confiance à autrui,
- met de bonne humeur et détend grâce à la sérotonine et aux endorphines libérées,
- permet de vivre plus longtemps, d'après une étude menée à la Wayne State University (Detroit) où des chercheurs ont découvert qu'un individu qui sourit gagnerait sept ans d'espérance de vie,
- chasse soucis et idées noires,
- diminue stress et pression artérielle,
- active la pensée positive,
- rend attrayant.

Un matin, décidez-vous à sourire au plus grand nombre de personnes que vous croisez : connues, inconnues, un ami, un parent, un passant, un collègue, un enfant... souriez !

Et observez, en vous et autour de vous, que se passe-t-il ?

Décrivez...

... et souriez !

Sourire, c'est offrir un souffle de joie à celui qui le reçoit.

1. Voir aussi mon ouvrage *Ma Bullet thérapie*, aux éditions Larousse

5 DONNER, C'EST RECEVOIR

Dans une société où diviser pour mieux régner est souvent de mise, l'individualisme et l'égoïsme l'emportent sur l'altruisme, la solidarité, la bienveillance et la générosité.

Être attentif aux autres (altruisme), tendre l'oreille, la main, l'épaule pour une attention, donner un coup de main, apporter un soutien... peut changer la vie de ceux à qui vous offrez de votre temps, de votre écoute et de votre présence.

Soyez généreux : donnez sans attendre en retour. Donner, c'est – déjà – recevoir.

Relevez le défi ! Une fois par semaine ou par mois : donnez !

Offrez :

- un sandwich ou une douceur à qui tend la main, le ventre criant famine,
- un sourire – justement ! – à un passant au regard de pluie,
- un vêtement qui dort dans l'armoire à une personne pétrie de froid sur le trottoir,
- de votre temps car c'est ce qui coûte le plus cher... chaque fois que vous vous en sentez le cœur,
- un ticket où vous aurez écrit une pensée réconfortante : « prenez soin de vous », « portez-vous bien », « faites-vous plaisir », « vous rayonnez quand vous souriez », « prenez du temps pour vous », « amusez-vous »...

Écoutez votre cœur, il excelle en l'art d'être un bon distributeur de bonheur.

On est riche de ce que l'on donne avec le cœur.

OMBRE OU LUMIÈRE ?

Dans l'ombre...

Sous vos airs de gentil, vous vous jouez bien de votre petit monde et le menez à la baguette. Un brin manipulateur, vous surprotégez et donnez pour avoir la main, rendre l'autre accro... et entretenez des relations de dépendance en soumettant ou en vous soumettant. Vous contrôlez, imposez, conseillez à tort et à travers sans penser aux conséquences... irresponsables ! Vous ne donnez que pour recevoir.

Dans la lumière...

Vous prenez les autres sous votre aile, les enveloppez d'une énergie rassurante et aimante. Vous comblez, protégez, défendez les plus démunis et les nourrissez d'une énergie solaire désintéressée. Grâce à votre amour inconditionnel, ils se sentent en sécurité. Nourris par votre constance et votre stabilité, ils grandissent avec les ressources et les moyens qui leur donnent des ailes... Confiants, ils s'élèvent en toute liberté vers leur indépendance.

CALL TO ACTION

Le bonheur par procuration

Qu'est-ce qui vous procure de la joie, du bonheur ?

Offrez l'expérience à un inconnu. C'est un ticket virtuel, ou matérialisé en un « bon pour... » selon ce que vous offrez.

Si c'est lire : offrez un livre qui vous a marqué. Si c'est un massage, offrez un « bon pour une séance », si c'est une chanson, offrez une clef USB, un CD...

Trouvez, listez et partagez !

Qu'avez-vous ressenti en offrant ce cadeau ?

Comment a réagi la personne à qui vous l'avez offert ? Décrivez.

Partager le bonheur décuple sa saveur.

RITUEL

Remerciez aussi souvent que possible, jusqu'aux séquences les plus tristes parce qu'elles ont mis une autre part de vous sous les feux des projecteurs : et vous en sortez grandi. Chaque fois vous devenez une meilleure version de vous-même.

Si vous vous en sentez le cran : remerciez la personne qui vous a fait le plus souffrir parce que c'est celle qui vous a poussé à être vous plus vite. Vous pouvez la remercier en prononçant juste un merci suivi de son prénom lorsque vous en ressentez l'envie, à vous seul ou à cette personne directement.

FILM INSPIRANT

***Sept vies*, de Gabriele Muccino, avec Will Smith, Rosario Dawson.**

Synopsis : Hanté par un lourd secret, Ben Thomas se fait passer pour un agent du fisc pour trouver la rédemption en transformant la vie de sept inconnus. L'amour déjoue quelque peu ses plans…

Un rien peut tout changer dans la vie d'un autre comme dans la vôtre. Ne sous-estimez jamais la portée de vos actes.

BANDE ORIGINALE

***Never too late*, Blake McGrath.**

Why ? Parce qu'il n'est jamais trop tard pour être soi et vivre ses rêves. Vous avez le temps… commencez maintenant !

MORALE DE CE SCÉNAR ?

C'est un chemin parfois sinueux que d'être heureux. Partager ce qui vous rend heureux peut ouvrir la voie de la joie de ceux à qui vous donnez. Donnez !

C'est un talent que de déceler celui des autres… cherchez sans cesse à mettre l'autre en lumière, il fera jour sur sa part d'ombre.

Dans votre regard,
l'autre voit toujours la grandeur de son âme.

Je suis riche de ce que je donne (aux autres).

CLAP DE FIN !

Longtemps, j'ai été spectatrice de ma vie et ai, en secret, regardé défiler le succès des autres...

J'ai projeté dans la salle de mes idées noires l'espoir d'être un jour en tête d'affiche du film de ma vie... (dans l'Hexagone et au pays de l'Oncle Sam).

J'ai été l'actrice modèle et ai joué le rôle écrit par les illusions déçues des autres.

Je me suis sentie à l'étroit, pensant que seuls ces deux choix s'offraient à moi.

J'ai alors découvert que je n'étais pas une mais multiple et qu'en ne laissant la parole qu'à une partie de moi je condamnais toutes les autres au mutisme. Et j'ai adopté le point de vue de chacune... pour me trouver en toutes !

La vie est comme un film initiatique dont chaque séquence nous transforme.

On survit à chaque découverte, on cherche à se distinguer, on se construit, on s'aime et on trouve son harmonie, puis on transcende tout ce qui nous a fait mal en singularité.

Ne suivez pas à la lettre le scénario des autres : risquez-vous à écrire le vôtre. Rien n'est figé : adaptez, improvisez, ajustez histoire, acteurs, lieux, sons, couleurs et répliques avant que quelqu'un d'autre ne vous souffle le bon mot :

Seul vous savez ce qui est juste pour vous.

BANDE ORIGINALE

She, Elvis Costello.

Why ? Pour le Happy End du film Coup de Foudre à Notting Hill... elle joue dans les films des autres et réussit à être l'actrice de sa vie... une vraie Love Story.

BANDE ORIGINALE : MA VIE COMME AU CINÉMA

1. *Gran Torino,* Kyle Eastwood et Hugh Coltman.
2. *Rough Diamond Falls*, Luke Sital-Singh.
3. *Jai Ho !* The Pussicats Dolls, Allah Rakha Rahman.
4. *Over the Rainbow*, Jack Hylton and his orchestra.
5. *Believer*, Imagine Dragons.
6. *Unstoppable,* Sia.
7. *Love Myself*, Blake McGrath.
8. *Perfect Illusion*, Lady Gaga.
9. *Now We are Free*, Hans Zimmer et Lisa Gerrard.
10. *On ne dit jamais assez aux gens qu'on aime qu'on les aime*, Louis, Matthieu, Jospeh et Anna Chedid.
11. *Never too late*, Blake McGrath.
12. *She*, Elvis Costello.

FILMOGRAPHIE : MA VIE COMME AU CINÉMA

1. *Elle s'appelle Ruby*, réalisé par Jonathan Dayton et Valérie Faris, avec Paul Dano et Zoe Kazan.
2. *Happiness Therapy*, réalisé par David O'Russell, avec Bradley Cooper, Jennifer Lawrence et Robert de Niro.
3. *Million Dollar Baby*, de et avec Clint Eastwood, Hilary Swank et Morgan Freeman.
4. *L'Agence*, de George Nolfi, avec Matt Damon et Emily Blunt.
5. *À la recherche du bonheur*, de Gabriel Muccino, avec Will Smith, Thandiwe Newton, Jaden Smith.
6. *Madame Doubtfire,* de Chris Columbus, avec Robin Williams, Sally Field, Mara Wilson, Lisa Jakub, Matthew Lawrence, Pierce Brosnan.
7. *Limitless*, de Neil Burger, avec Bradley Cooper, Robert De Niro, Abbie Cornish.
8. *Mange, Prie, Aime*, de Ryan Murphy, avec Julia Roberts, Javier Bardem.
9. *La vie est belle*, de Roberto Begnini, avec lui, Nicoletta Braschi et Giorgio Cantarini.
10. *Sept vies*, de Gabriele Muccino, avec Will Smith, Rosario Dawson.

REMERCIEMENTS

En un mot comme en cent : MERCI à l'équipe de production (d'édition !) de ce scénario (livre !).

Un merci empreint de gratitude et de reconnaissance à François Laurent, mentor et directeur de ce casting de rêve : Merci François de nous avoir présentés, Solar et moi.

Merci à Jean-Louis Hocq et son équipe de choc… si chic : merci à Marion, merci à Lama pour leurs regards qui élèvent.

Merci à la *dream team* Solar qui a mis en lumière mes mots par une couverture et un graphisme qui plantent le décor et nous embarquent… dans notre cinéma intérieur.

Merci pour cette magnifique aventure qui ouvre la porte de tous les possibles…

À la joie de vous rencontrer autour de dédicaces et d'autres rendez-vous.

Prenez soin de vous et…

faites-vous des films !

Love.

Stella.

Correction : Véronique Badin
Conception de la couverture : Manon Bucciarelli
Conception de la maquette intérieure : Studio Blick
Mise en pages : Nord Compo

ISBN : 978-2-263-17760-6
Code éditeur : L17760
Dépôt légal : mai 2022

Imprimé en France par Normandie Roto Impression s.a.s. (2201913)

Retrouvez-nous sur www.solar.fr

MIXTE
Issu de sources responsables
FSC® C003309

Solar, un département d'**Édi8**
92, avenue de France, 75013 PARIS